几何量公差与检测习题试题集

(第 七 版)

甘永立 主编

上海科学技术出版社

内 容 提 要

几何量公差与检测课程即互换性与测量技术基础课程。本书是与《几何量公差与检测》或《互换性与测量技术基础》基本教材配套使用的教学用书。

本书以《几何量公差与检测》基本教材的内容为基础,并采用我国近期发布的新的公差国标来编写和命题。命题内容对各种版本的公差基本教材都适用。本书共分两部分,第一部分几何量公差与检测思考题和习题,密切配合本课程的课堂教学,能满足基本教材各章课外作业和复习的需要。第二部分几何量公差与检测试题,由8所高等院校的12份试卷组成,各份试卷实行规范化命题,供考试时选择使用。本书还编写了第一部分的习题和第二部分的试题的简要答案,供读者参考。

本书可供高等院校机械类各专业师生在教学中使用,也可作为继续教育院校机械类各专业的教材。

第七版前言

几何量公差与检测课程即互换性与测量技术基础课程,是高等学校机械类各专业的一门重要技术基础课。

根据机械工业部教育局1982年教高字第17号文、1987年教学便字第0005号文和国家机械工业委员会教育局1987年教高便字第050号文的指示,上海科学技术出版社分别于1985年出版了《几何量公差与检测》基本教材、1987年出版了《几何量公差与检测习题试题集》教材、1989年出版了《几何量公差与检测实验指导书》教材。该基本教材业已出了10版,该题集业已出了6版,该实验指导书业已出了7版。这三本教材是配套的教材,并对该基本教材和该实验指导书分别提供配套电子教学课件和实验报告格式课件,欢迎登录www.sstp.cn/pebooks/download/下载。

《几何量公差与检测》(第二版)基本教材于1992年获得第二届全国高等学校机电类专业优秀教材二等奖。

经过近几年教学实践,随着科学技术和本学科的发展,为了进一步满足教学的需要,与时俱进,我协作组决定按第十版《几何量公差与检测》基本教材的内容,修订第六版《几何量公差与检测习题试题集》教材。

本书共分两部分。第一部分为基本教材12章的思考题和习题,它们密切配合本课程的课堂教学。

第二部分为12份试卷,这些试卷实行规范化命题。本书对各份试卷的试题内容、题型及每类题的题目数量和分数分配作了统一规定,各校可根据实际讲课内容作某些调整。每份试卷中基本教材12章和实验的内容所占的比例如下:绪论、表面粗糙度轮廓及其检测5%,几何量测量基础及实验、圆锥公差与检测10%,孔、轴公差与配合以及孔、轴检测与量规设计基础26%,几何公差与几何误差检测25%,滚动轴承公差与配合、键和花键联结的公差与检测7%,圆柱螺纹公差与检测以及尺寸链12%,圆柱齿轮公差与检测15%。题型及各类题的分数分配如下:填空题15分,30个填空;单项选择题15分,15个小题,每个小题4个备选答案;标注题和改错题10分,至少两幅图;简答题20分,至少5个小题;计算题40分,至少4个小题。

本书还编写了第一部分的习题和第二部分的试题的简要答案,供读者参考。

第一至第七版题集均由吉林工业大学(今吉林大学)甘永立主编。第七版题集的作者如下:第一部分第一、四、十、十二章甘永立,第二章西安理工大学乔卫东、孙尚祥,第三章吉林大学方亚彬,第五章常州大学俞竹青,第六章长春理工大学李丽娟,第七章大连海洋大学曹丽娟,第八、十一章吉林工业大学方亚彬,第九章安徽农业大学孔晓玲。第二部分的试卷1

甘永立,试卷2长春大学于相慧,试卷3和试卷11陕西工业职业技术学院冯丽萍,试卷4李丽娟,试卷5乔卫东、孙尚祥,试卷6和试卷10方亚彬,试卷7俞竹青,试卷8和试卷12孔晓玲,试卷9曹丽娟。

由于我们的水平所限,书中难免存在缺点和错误,欢迎广大读者批评指正。

《几何量公差与检测》课程协作组

2014年10月

目 录

第一部分　几何量公差与检测思考题和习题 ……………………………… 1
　第一章　绪论 ………………………………………………………………… 1
　第二章　几何量测量基础 …………………………………………………… 2
　第三章　孔、轴公差与配合 ………………………………………………… 4
　第四章　几何公差与几何误差检测 ………………………………………… 8
　第五章　表面粗糙度轮廓及其检测 ………………………………………… 16
　第六章　滚动轴承的公差与配合 …………………………………………… 17
　第七章　孔、轴检测与量规设计基础 ……………………………………… 19
　第八章　圆锥公差与检测 …………………………………………………… 21
　第九章　圆柱螺纹公差与检测 ……………………………………………… 23
　第十章　圆柱齿轮公差与检测 ……………………………………………… 24
　第十一章　键和花键联结的公差与检测 …………………………………… 27
　第十二章　尺寸链 …………………………………………………………… 31

第二部分　几何量公差与检测试题 ……………………………………… 35
　试卷 1　吉林大学试题 ……………………………………………………… 35
　试卷 2　长春大学试题 ……………………………………………………… 40
　试卷 3　陕西工业职业技术学院试题 ……………………………………… 44
　试卷 4　长春理工大学试题 ………………………………………………… 48
　试卷 5　西安理工大学试题 ………………………………………………… 51
　试卷 6　吉林大学试题 ……………………………………………………… 55
　试卷 7　常州大学试题 ……………………………………………………… 59
　试卷 8　安徽农业大学试题 ………………………………………………… 63
　试卷 9　大连海洋大学试题 ………………………………………………… 68
　试卷 10　吉林大学试题 …………………………………………………… 73
　试卷 11　陕西工业职业技术学院试题 …………………………………… 77
　试卷 12　安徽农业大学试题 ……………………………………………… 82

附录 …………………………………………………………………………… 86
　第一部分的习题简要答案 …………………………………………………… 86
　第二部分的试题简要答案 …………………………………………………… 91
　主要参考文献 ………………………………………………………………… 97

第一部分 几何量公差与检测思考题和习题

第一章 绪 论

思 考 题

1-1 广义互换性的定义是什么？机械产品零部件互换性的含义是什么？

1-2 互换性与公差的关系是什么？进行零件几何量精度设计时,确定公差大小的原则是什么？

1-3 互换性在机器制造业中有什么作用和优越性？

1-4 互换性原则是否在任何生产情况下都适用？试加以说明。

1-5 互换性按互换程度可以分成哪两类？试述它们各自的特点和如何实现。

1-6 何谓标准？何谓标准化？互换性生产与标准化的关系是什么？

1-7 按标准的使用范围,我国如何制定标准,并进行划分？试述不同使用范围的标准各自的特点。

1-8 为什么说当选定一个数值作为某种产品的参数指标时,这个数值就会"牵一发而动全身"？

1-9 GB/T 321—2005 规定什么数列作为优先数系？试述这个数列的特点和优点。

1-10 GB/T 321—2005 规定的优先数系分哪五个系列？试述这五个系列的符号和特点。

1-11 何谓派生系列？试述它的特点,并举例说明。

1-12 试述几何量公差包括的内容和几何量检测工作的作用。

习 题

1-1 试按《几何量公差与检测》基本教材附表 1-1 写出基本系列 R5 中优先数从 0.1 到 100 的常用值。

1-2 试写出派生系列 R5/3、R10/2、R20/3 中自 1 以后的 5 个优先数(常用值)。

1-3 自 IT 6 级以后,孔、轴标准公差等级系数为 10,16,25,40,64,100,160,…。试判断它们属于哪个优先数系系列。

1-4 自 3 级开始至 9 级止,普通螺纹公差等系数为 0.50,0.63,0.80,1.00,1.25,1.60,2.00。试判断它们属于哪个优先数系系列。

1-5 试写出家用灯泡 15~100W 中的各种瓦数,并指出它们属于优先数系中的哪个系列。

第二章 几何量测量基础

思 考 题

2-1 我国法定计量单位中长度的基本单位是什么？试述第十七届国际计量大会通过的长度基本单位的定义。

2-2 测量的实质是什么？一个完整的测量过程应包括哪四个要素？

2-3 以量块作为传递长度基准量值的媒介有何优点？并说明量块的用途。

2-4 量块的制造精度分哪几级，量块的检定精度分哪几等，分"级"和分"等"的主要依据是什么？

2-5 量块按"级"和按"等"使用时的工作尺寸有何不同？何者测量精度更高？

2-6 何谓量具、量规、量仪？

2-7 计量器具的基本技术性能指标中，标尺示值范围与计量器具测量范围有何区别？标尺刻度间距、标尺分度值和灵敏度三者有何区别？示值误差与测量重复性有何区别？并举例说明。

2-8 几何量测量方法中，绝对测量与相对测量有何区别？直接测量与间接测量有何区别？并举例说明。

2-9 测量误差的绝对误差与相对误差有何区别？两者的应用场合有何不同？

2-10 测量误差按特点和性质可分为哪三类？试说明产生这三类测量误差的主要因素。

2-11 试说明三类测量误差各自的特性，可用什么方法分别发现、消除或减小这三类测量误差，以提高测量精度？

2-12 如何估算服从正态分布的随机误差的大小？服从正态分布的随机误差具有哪四个基本特性？

2-13 进行等精度测量时，以多次重复测量的测量列算术平均值作为测量结果的优点是什么？它可以减小哪类测量误差对测量结果的影响？

2-14 进行等精度测量时，怎样表示单次测量和多次重复测量的测量结果？测量列单次测量值和算术平均值的标准偏差有何区别？

2-15 什么是函数误差？如何计算函数系统误差和函数随机误差？

习 题

2-1 试从83块一套的量块中选择合适的几块量块组成下列尺寸：①28.785mm；②45.935mm；③55.875mm。

2-2 某计量器具在示值为25mm处的示值误差为－0.002mm。若用该计量器具测量工件时，读数正好为25mm，试确定该工件的实际尺寸。

2-3 用两种测量方法分别测量60mm和100mm两段长度，前者和后者的绝对测量误差分别为-0.03mm和+0.04mm,试确定两者测量精度的高低。

2-4 试从83块一套的1级量块中组合出尺寸为65.875mm的量块组,并确定该量块组按"级"使用时工作尺寸的测量极限误差。

2-5 50mm和5.5mm两块2级量块组成量块组,它们检定后都为4等,它们的中心长度实际偏差分别为+0.5μm和-0.2μm。试分别计算按"级"和按"等"使用时量块组的工作尺寸和测量极限误差。

2-6 在立式光学比较仪上用50mm的量块对公称尺寸为50mm的一段长度进行比较测量。仪器的测量不确定度为±0.15μm,测量时从仪器标尺读得示值为-1.5μm,试写出下列两种情况下的测量结果:

① 所用的量块为1级量块,其长度的极限偏差为±0.4μm。

② 所用的量块为3等量块,其中心长度的实际偏差为+0.2μm,量块中心长度测量的不确定度允许值为±0.15μm。

2-7 用千分尺对某轴颈等精度测量10次,各次测量值(单位为mm)按测量顺序分别为:

50.02　50.03　50.00　50.03　50.02
50.03　50.00　50.02　50.03　50.02

设测量列中不存在定值系统误差,试确定:

① 测量列算术平均值;

② 残差,并判断测量列中是否存在变值系统误差;

③ 测量列中单次测量值的标准偏差;

④ 测量列中是否存在粗大误差;

⑤ 测量列算术平均值的标准偏差;

⑥ 测量列算术平均值的测量极限误差;

⑦ 以第2次测量值作为测量结果的表达式;

⑧ 以测量列算术平均值作为测量结果的表达式。

2-8 在某仪器上对一轴颈进行等精度测量,测量列中单次测量值的标准偏差为0.001mm。

① 如果仅测量1次,测量值为25.004mm,试写出测量结果。

② 若重复测量4次,4次测量值分别为:25.004mm,25.002mm,25.006mm,25.008mm,试写出测量结果。

③ 如果要使测量极限误差不大于±0.001mm,应至少重复测量几次?

2-9 参看图1-2.1,以圆锥大头端面作为测量基准,用双球法间接测量内锥角α。测得大球直径$D_1=45$mm,小球直径$D_2=15$mm,尺寸$L_1=10.061$mm,$L_2=83.021$mm。它们的系统误差和测量极限误差分别为 $\Delta D_1 = +0.002$mm,$\delta_{\lim(D_1)} = \pm 0.003$mm;$\Delta D_2 = -0.003$mm;$\delta_{\lim(D_2)} = \pm 0.003$mm;$\Delta L_1 = +0.0008$mm;$\delta_{\lim(L_1)} = \pm 0.003$mm;$\Delta L_2 = +0.0011$mm;$\delta_{\lim(L_2)} = \pm 0.0054$mm。试根据上述数据,计算内锥角的间接测量值、函数系统误差和测量极限误差,并确定测量结果。

2-10 参看图1-2.2,测量箱体孔心距L,有如下三种测量方案:① 测量孔径D_1、D_2和两孔内侧间的距离尺寸L_1;② 测量孔径D_1、D_2和两孔外侧间的距离尺寸L_2;③ 测量L_1

和 L_2。设 D_1、D_2、L_1、L_2 的测量极限误差分别为 $\pm 5\mu m$、$\pm 5\mu m$、$\pm 10\mu m$、$\pm 15\mu m$，试推导三种测量方案的计算公式，并计算三种测量方案的测量极限误差，并比较哪种测量方案的测量精度最高。

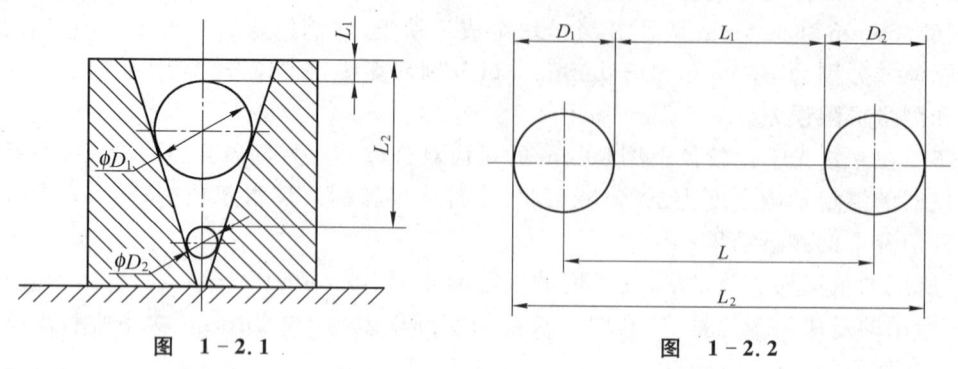

图 1-2.1　　　　　　　　图 1-2.2

第三章　孔、轴公差与配合

思 考 题

3-1　试述公称尺寸、极限尺寸和实际尺寸的含义，它们有何区别和联系？

3-2　试述极限偏差、实际偏差和尺寸公差的含义，它们有何区别和联系？

3-3　试述标准公差和基本偏差的含义，它们与尺寸公差带有何关系？

3-4　试述配合的含义，配合分哪三类，这三类配合各有何特点？

3-5　试述配合公差的含义。由使用要求确定的配合公差的大小与孔、轴公差的大小有何关系？

3-6　为了满足各种不同的孔、轴配合要求，为什么要规定配合制？

3-7　试说明下列概念是否正确：

① 公差是孔或轴尺寸允许的最大偏差。

② 公差一般为正值，在个别情况下也可以为负值或零。

③ 过渡配合是指可能具有间隙，也可能具有过盈的配合。因此，过渡配合可能是间隙配合，也可能是过盈配合。

④ 孔或轴的实际尺寸恰好加工为公称尺寸，但不一定合格。

⑤ 公称尺寸相同的孔或轴的极限偏差的绝对值越大，则其公差值也就越大。

⑥ $\phi 50^{+0.027}_{\ 0}$ mm 就是 $\phi 50.027$ mm 的意思。

⑦ 按同一图样加工一批孔后测量它们的实际尺寸。其中，最小的实际尺寸为 $\phi 50.010$ mm，最大的实际尺寸为 $\phi 50.025$ mm，则该孔实际尺寸的允许变动范围可以表示为 $\phi 50^{+0.025}_{+0.010}$ mm。

3-8　编制孔、轴公差表格时，为什么需要进行尺寸分段？同一尺寸分段的公差值是如何确定的？

3-9　GB/T 1800.2—2009 对常用尺寸孔和轴分别规定了多少个标准公差等级？试写出它们的代号。标准公差等级的高低是如何划分的，如何表示？

3-10 GB/T 1800.1—2009 对常用尺寸孔和轴分别规定了多少种基本偏差？试写出它们的代号。轴的基本偏差数值如何确定？孔的基本偏差数值如何确定？

3-11 为什么要规定基本偏差？基本偏差数值与标准公差等级是否有关？

3-12 为什么国标要推荐孔、轴常用公差带和优先、常用配合？

3-13 为什么孔与轴配合应优先采用基孔制？在什么情况下应采用基轴制？

3-14 试述各个标准公差等级和各种配合的应用场合。

3-15 大尺寸和常用尺寸的孔、轴公差与配合有什么区别和联系？

3-16 试述配制配合的应用场合以及如何应用配制配合。

3-17 参看图 1-3.1 所示的起重机吊钩的铰链，叉头 1 的左、右两孔与轴销 2 的公称尺寸皆为 φ20mm，叉头 1 的两个孔与销轴 2 的配合要求采用过渡配合，拉杆 3 的公称尺寸为 φ20mm 的孔与销轴 2 的配合要求采用间隙配合。试分析它们应该采用哪种配合制。

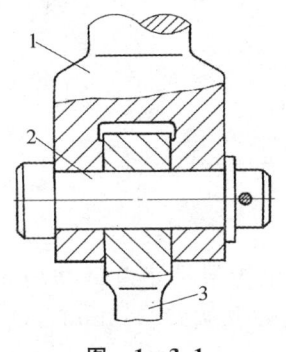

图 1-3.1

1—叉头；2—销轴；3—拉杆

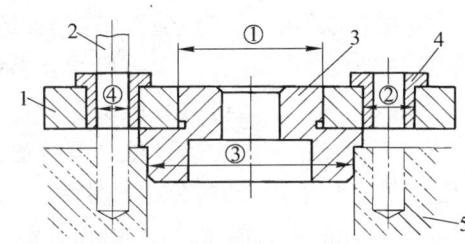

图 1-3.2

1—钻模板；2—钻头；3—定位套；4—钻套；5—工件

3-18 图 1-3.2 为钻床的钻模夹具简图。夹具由定位套 3、钻模板 1 和钻套 4 组成，安装在工件 5 上。钻头 2 的直径为 φ10mm。

已知：(a) 钻模板 1 的中心圆孔与定位套 3 上端的圆柱面的配合①有定心要求，公称尺寸为 φ50mm。钻模板 1 上圆周均布的四个孔分别与对应四个钻套 4 的外圆柱面的配合②有定心要求，公称尺寸分别为 φ18mm；它们皆采用过盈不大的固定联结。

(b) 定位套 3 下端的圆柱面的公称尺寸为 φ80mm，它与工件 5 的公称尺寸为 φ80mm

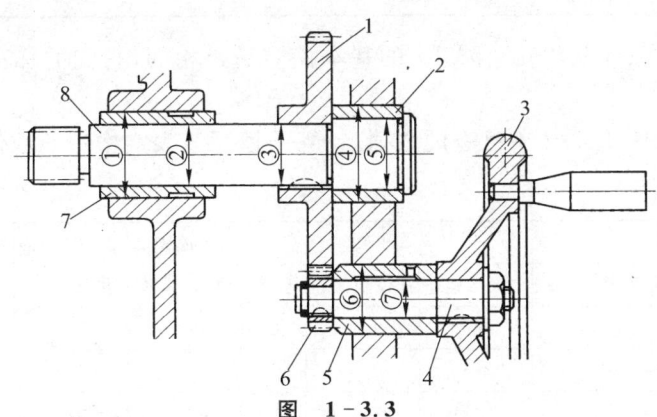

图 1-3.3

1—大齿轮；2—支承套筒；3—手轮；4—轴；5—套筒；
6—小齿轮；7—支承套筒；8—齿轮轴

的定位孔的配合③有定心要求,在安装和取出定位套3时,它需要轴向移动。

(c) 钻套4的φ10mm导向孔与钻头2的配合④有导向要求,且钻头应能在它转动状态下进入该导向孔。

试选择上述四处配合部位的配合种类,并简述其理由。

3-19 图1-3.3为车床溜板箱手动机构的结构简图。转动手轮3,通过键带动轴4左端的小齿轮6转动,轴4在套筒5的孔中转动。小齿轮6带动大齿轮1转动,再通过键带动齿轮轴8在两个支承套筒2和7的孔中转动,齿轮轴8左端的齿轮也转动。这齿轮与床身上的齿条(未画出)啮合,使溜板箱沿导轨作纵向移动。各配合面的公称尺寸为:①φ40mm;②φ28mm;③φ28mm;④φ46mm;⑤φ32mm;⑥φ32mm;⑦φ18mm。试选择这些孔与轴配合的配合制、标准公差等级和配合种类。

习　　题

3-1 填空题:以"正值"、"负值"、"零"或"绝对值"填入。

① 极限偏差数值可以是_____,尺寸公差数值是_____。

② 间隙数值是_____,过盈数值是_____。

③ 间隙公差数值是_____,过盈公差数值是_____。

3-2 已知某配合中孔、轴的公称尺寸为60mm,孔的上极限尺寸为59.979mm,下极限尺寸为59.949mm;轴的上极限尺寸为60mm,轴的下极限尺寸为59.981mm。试求孔、轴的极限偏差、基本偏差和公差,并画出孔、轴公差带示意图。

3-3 试根据表1-3.1中已有的数值,计算并填写该表空格中的数值。

表 1-3.1　　　　　　　　　　　　　　　(mm)

公称尺寸	上极限尺寸	下极限尺寸	上极限偏差	下极限偏差	公　差
孔 φ12	12.050	12.032			
轴 φ80			−0.010	−0.056	
孔 φ30		29.959			0.021
轴 φ70	69.970			−0.074	

3-4 试比较φ25h5、φ25h6、φ25h7的基本偏差是否相同,它们的标准公差数值是否相同。

3-5 试根据表1-3.2中已有的数值,计算并填写该表空格中的数值。

表 1-3.2　　　　　　　　　　　　　　　(mm)

公称尺寸	孔			轴			最大间隙或最小过盈	最小间隙或最大过盈	平均间隙或平均过盈	配合公差	配合性质
	上极限偏差	下极限偏差	公差	上极限偏差	下极限偏差	公差					
φ50		0				0.039	+0.103			0.078	
φ25			0.021	0				−0.048	−0.031		
φ65	+0.030			+0.020				−0.039		0.049	

3-6 试计算φ20$^{+0.023}_{0}$mm孔与φ20$^{-0.020}_{-0.041}$mm轴配合中的极限间隙(或极限过盈),并指

明配合性质。

3-7 有一基孔制配合,孔和轴的公称尺寸为50mm,该配合要求最大间隙为+0.115mm,最小间隙为+0.045mm。试按《几何量公差与检测》基本教材第三章中间隙变动范围与孔、轴公差的关系的公式确定孔和轴的极限偏差,并画出公差带示意图。

3-8 有一基轴制配合,孔和轴的公称尺寸为100mm,该配合要求最大过盈为-0.10mm,最小过盈为-0.03mm。试按《几何量公差与检测》基本教材附录中的第三章公差表格确定孔、轴配合代号,孔和轴的极限偏差,并画出孔、轴公差带示意图。

3-9 $\phi 30N7/m6$ 配合中孔和轴的基本偏差分别为 $-7\mu m$ 和 $+8\mu m$,孔和轴的标准公差分别为 $21\mu m$ 和 $13\mu m$。试确定该孔和轴的极限偏差,该配合的极限间隙(或极限过盈)、平均间隙(或平均过盈)和配合公差,并画出孔、轴公差带示意图。

3-10 试从《几何量公差与检测》基本教材附录中的第三章公差表格,查取下列孔或轴的标准公差和基本偏差数值,并确定它们的上、下偏差:

① 70h11;②$\phi 28k7$;③$\phi 40M8$;④$\phi 25z6$;⑤$\phi 30js7$;⑥$\phi 60J6$。

3-11 试按《几何量公差与检测》基本教材附录中的第三章公差表格,确定下列配合中孔和轴的上、下偏差,并画出公差带示意图:

① $\phi 40H8/f7$;② $\phi 60H7/h6$;③ $\phi 32H8/js7$。

3-12 设公称尺寸为 D 的孔与轴配合所要求的极限间隙 X_{max}、X_{min} 或极限过盈 Y_{max}、Y_{min} 如下:

① 基孔制,$D=40mm$,$X_{max}=+0.067mm$,$X_{min}=+0.022mm$;

② 基轴制,$D=30mm$,$X_{max}=+0.027mm$,$Y_{max}=-0.030mm$;

③ 基孔制,$D=100mm$,$Y_{max}=-0.146mm$,$Y_{min}=-0.089mm$。

试按所要求的基孔制或基轴制确定孔、轴配合代号和它们的极限偏差。

3-13 已知基孔制配合 $\phi 45H7/t6$ 中,孔和轴的标准公差分别为 $25\mu m$ 和 $16\mu m$,轴的基本偏差为 $+54\mu m$,由此确定配合性质不变的同名基轴制配合 $\phi 45T7/h6$ 中孔的基本偏差和极限偏差。

3-14 $\phi 18M8/h7$ 配合和 $\phi 18H8/js7$ 配合中孔、轴的标准公差 $IT7=0.018mm$,$IT8=0.027mm$,$\phi 18M8$ 孔的基本偏差为 $+0.002mm$。试计算这两种配合各自的极限间隙(或过盈)。

3-15 设计所要求 $\phi 40H8/f7$ 配合的某孔加工后实际尺寸为 $\phi 40.045mm$,它大于上极限尺寸。为了不把具有此孔的零件报废并获得设计规定的配合性质,拟按 $\phi 40.045mm$ 孔加工一轴,试确定配制加工时该轴的上、下偏差。

3-16 参看图1-3.4,根据使用要求,黄铜套1与玻璃透镜2之间在工作温度 $t=-50℃$ 时,应该有 $+0.010\sim +0.074mm$ 的间隙。它们在20℃时进行装配。试根据装配时的间隙要求,确定黄铜套与玻璃透镜的配合代号(注:线膨胀系数 $\alpha_{黄铜}=19.5\times 10^{-6}℃^{-1}$,$\alpha_{玻璃}=8\times 10^{-6}℃^{-1}$)。

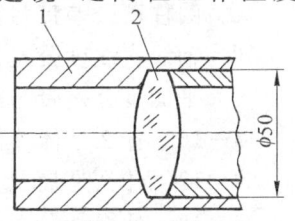

图 1-3.4
1—黄铜套;2—透镜

3-17 某发动机工作时铝活塞与气缸钢套孔之间的间隙应在 $+0.040\sim +0.097mm$ 范围内,活塞与气缸钢套孔的公称尺寸为 95mm，活塞的工作温度为 150℃，气缸钢套的工作温度为 100℃，而它们装配时的温度为 20℃。气缸钢套的线膨胀系数为 $12\times10^{-6}℃^{-1}$，活塞的线膨胀系数为 $22\times10^{-6}℃^{-1}$。试计算活塞与气缸钢套孔间的装配间隙的允许变动范围，并根据该装配间隙的要求确定它们的配合代号和极限偏差。

第四章　几何公差与几何误差检测

思 考 题

4-1　什么是理想要素、实际要素、组成要素、导出要素、尺寸要素？

4-2　什么是被测要素、基准要素、单一要素和关联要素？

4-3　GB/T 1182—2008《产品几何技术规范(GPS)　几何公差　形状、方向、位置和跳动公差标注》规定的几何公差特征项目有哪些？它们分别用什么符号表示？

4-4　何谓形状公差？何谓方向公差？何谓位置公差？何谓跳动公差？

4-5　几何公差框格指引线的箭头如何指向被测组成要素？如何指向被测导出要素？

4-6　由几个同类要素构成的被测公共轴线、被测公共平面的几何公差如何标注？

4-7　被测要素的基准在图样上用英文大写字母表示，26 个英文大写字母中哪 9 个字母不得采用？

4-8　对于基准要素应标注基准符号，基准符号是由哪几部分组成的？基准符号的三角形底边和细实线连线如何置放于基准组成要素？如何置放于基准导出要素？

4-9　几何公差带具有哪些特性？其形状取决于哪些因素？

4-10　什么形状的几何公差带的公差数值前面应加符号"ϕ"？什么形状的几何公差带的公差数值前面应加符号"$S\phi$"？哪些几何公差带的方位可以浮动？哪些几何公差带的方位不允许浮动？

4-11　确定几何公差值时，同一被测要素的位置公差值、方向公差值与形状公差值间应保持何种关系？

4-12　按照直线度公差的不同标注形式，直线度公差带有哪三种不同的形状？

4-13　说明基准的含义，何谓单一基准、公共基准、三基面体系？在几何公差框格中如何表示它们？

4-14　轮廓度公差带分为无基准要求和有基准要求两种，它们分别有什么特点？

4-15　比较下列每两种几何公差带的异同：
① 圆度公差带与径向圆跳动公差带；
② 圆柱度公差带与径向全跳动公差带；
③ 轴线直线度公差带与轴线对基准平面的垂直度公差带(任意方向)；
④ 平面度公差带与被测平面对基准平面的平行度公差带。

4-16　什么是体外作用尺寸、体内作用尺寸？

4-17　什么是最大实体状态、最大实体尺寸、最小实体状态、最小实体尺寸？

4-18　什么是最大实体实效状态、最大实体实效尺寸、最小实体实效状态、最小实体实效尺寸？

4-19　试述边界和边界尺寸的含义以及不同的相关要求所规定的边界和边界尺寸的名称。

4-20　试述独立原则的含义、在图样上的表示方法和主要应用场合。

4-21　试述包容要求的含义、在图样上的表示方法和主要应用场合。

4-22　试述最大实体要求应用于被测要素的含义、在图样上的表示方法和主要应用场合。

4-23　最大实体要求应用于基准要素时，如何确定基准要素应遵守的边界？基准符号的字母如何在方向、位置公差框格中标注？说明最大实体要求应用于基准要素的含义。

4-24　试述最小实体要求应用于被测要素的含义、在图样上的表示方法和主要应用场合。

4-25　最小实体要求应用于基准要素时，如何确定基准要素应遵守的边界？基准符号的字母如何在方向、位置公差框格中标注？说明最小实体要求应用于基准要素的含义。

4-26　试述最大实体要求应用于被测要素而标注零几何公差值的含义。

4-27　试述最大实体要求附加采用可逆要求的含义和在图样上的表示方法。

4-28　被测要素的几何精度设计中包括哪几方面的内容？

4-29　比较独立原则与包容要求的优缺点。

4-30　GB/T 1184—1996《形状和位置公差　未注公差值》对各项几何公差的未注公差值作了哪些规定？采用 GB/T 1184—1996 规定的几何公差未注公差值时，在图样上如何表示？

4-31　测量几何误差时，实际要素如何体现？

4-32　试述最小条件和最小包容区域的含义，试述定向最小包容区域和定位最小包容区域的含义。

4-33　试述给定平面内直线度误差最小包容区域的判别准则。如何按两端点连线法评定直线度误差值？

4-34　试述平面度误差最小包容区域的判别准则。如何按对角线平面法评定平面度误差值？

4-35　试述圆度误差最小包容区域的判别准则。

4-36　试述面对面平行度、垂直度和倾斜度误差的定向最小包容区域的判别准则。

4-37　试述几何误差的五种检测原则的名称和要领，并举例说明。

习　题

4-1　试将下列各项几何公差要求标注在图 1-4.1 所示的齿轮坯图上：

① ϕ40H7 孔采用包容要求；

② ϕ100h8 圆柱面对 ϕ40H7 基准孔轴线的径向圆跳动公差为 0.018mm；

③ 左、右凸台端面分别对 ϕ40H7 基准孔轴线的轴向圆跳动公差均为 0.012mm；

④ 轮毂 12mm 键槽中心平面对 ϕ40H7 基准孔轴线的对称度公差为 0.02mm。

4-2　试将下列各项几何公差要求标注在图 1-4.2 上：

① 两个 ϕd 孔的轴线分别对它们的公共基准轴线的同轴度公差均为 0.02mm；

② ϕD 孔的轴线对两个 ϕd 孔的公共基准轴线的垂直度公差为 0.01mm；

③ φD 孔的轴线对两个 φd 孔的公共基准轴线的对称度公差为 0.03mm。

4-3 试将下列各项几何公差要求标注在图 1-4.3 上：

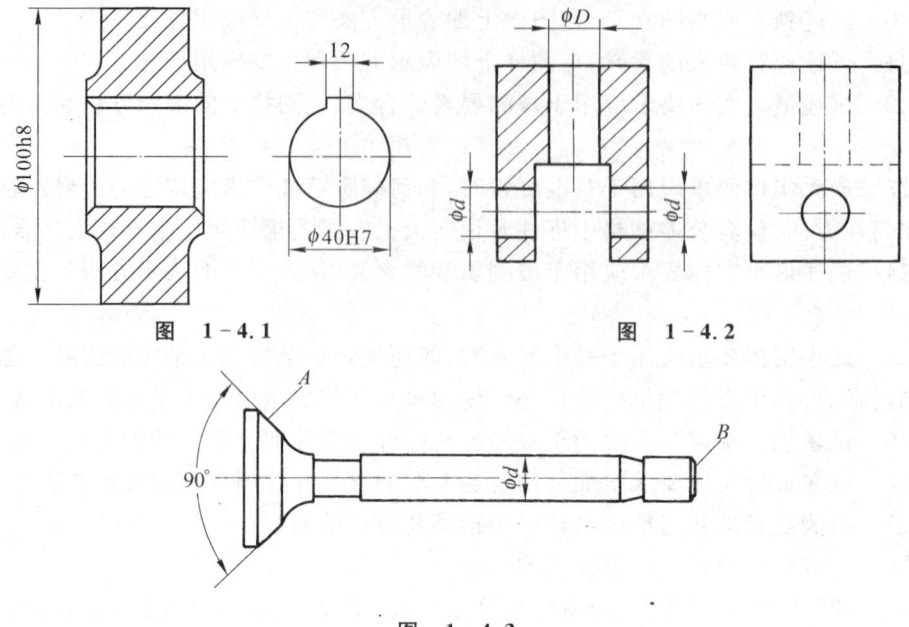

① 圆锥面 A 的圆度公差为 0.006mm；
② 圆锥面 A 的素线直线度公差为 0.005mm；
③ 圆锥面 A 的轴线对 φd 圆柱面轴线的同轴度公差为 0.01mm；
④ φd 圆柱面的圆柱度公差为 0.015mm；
⑤ 右端面 B 对 φd 圆柱面轴线的轴向圆跳动公差为 0.012mm。

4-4 试将下列各项几何公差要求标注在图 1-4.4 上：

① φ55k6、φ60r6、φ65k6 和 φ75k6 圆柱面皆采用包容要求；
② 16mm 键槽中心平面对 φ55k6 圆柱面轴线的对称度公差为 0.012mm；

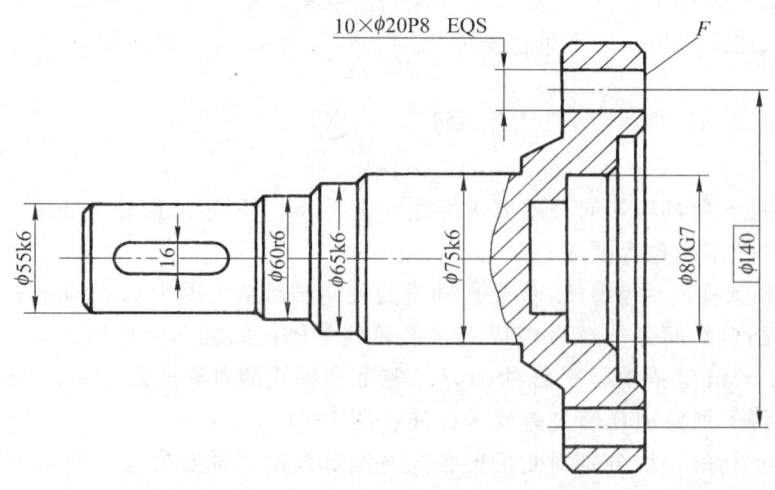

图 1-4.4

③ φ55k6 圆柱面、φ60r6 圆柱面和 φ80G7 孔分别对 φ65k6 圆柱面和 φ75k6 圆柱面的公共轴线的径向圆跳动公差皆为 0.025mm；

④ 平面 F 的平面度公差为 0.02mm；

⑤ 平面 F 对 φ65k6 圆柱面和 φ75k6 圆柱面的公共轴线的轴向圆跳动公差为 0.04mm；

⑥ 10×20P8 孔轴线（均布）对 φ65k6 圆柱面和 φ75k6 圆柱面的公共轴线（第一基准）及平面 F（第二基准）的位置度公差皆为 φ0.5mm。

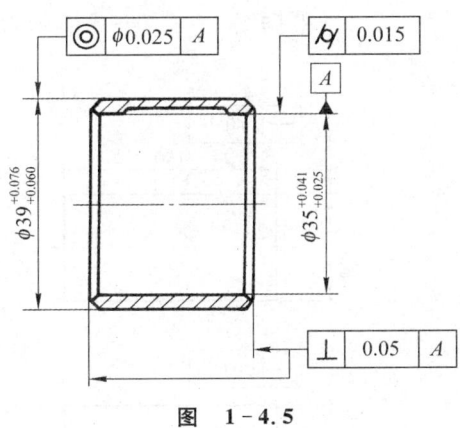

图 1-4.5

4-5 试对图 1-4.5 所示图样上标注的几何公差进行解释，并按表 1-4.1 规定的栏目填写。

表 1-4.1

几何公差特征项目符号	几何公差特征项目的名称	被测要素	基准要素	几何公差带的形状	几何公差带的大小	几何公差带相对于基准的方位（浮动、固定或其他）

4-6 试指出图 1-4.6a～d 中几何公差的标注错误，并加以改正（几何公差特征项目不允许变更，正确的几何公差标注不要修改）。

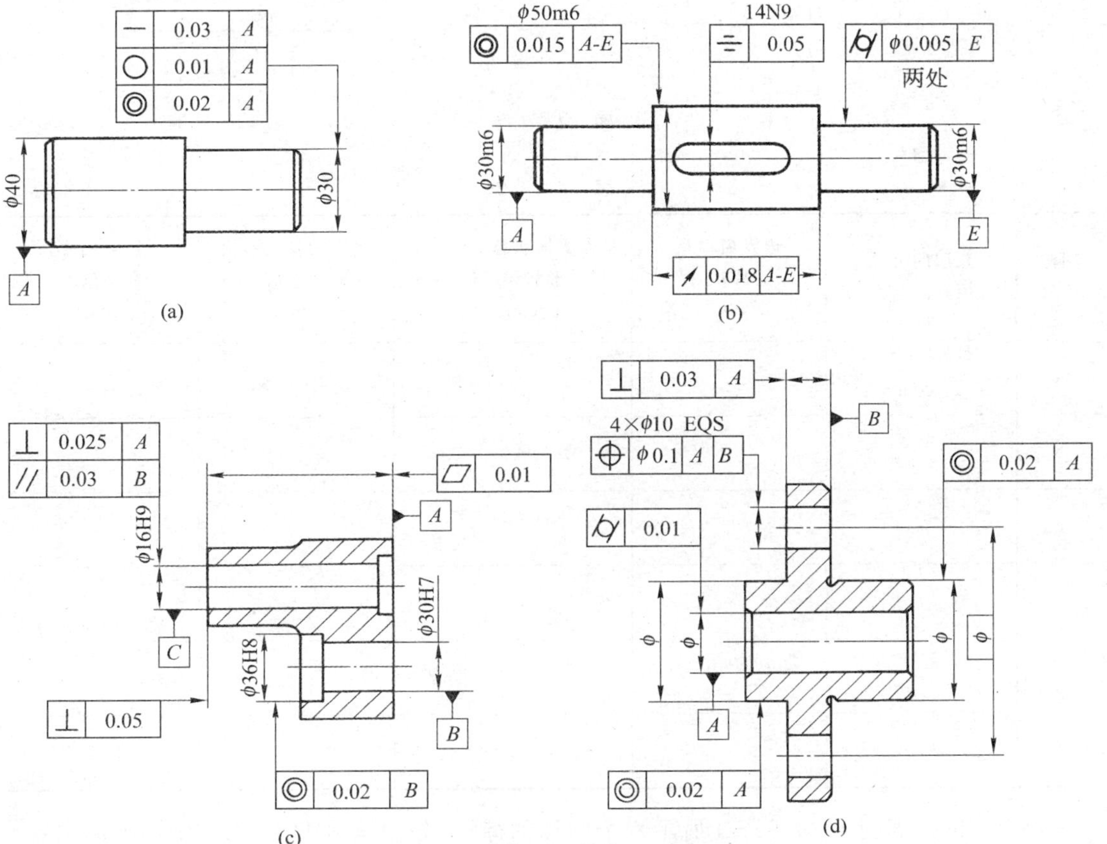

图 1-4.6

4-7 试根据图1-4.7a~f所示六个图样的标注,分别填写表1-4.2中各项的内容。

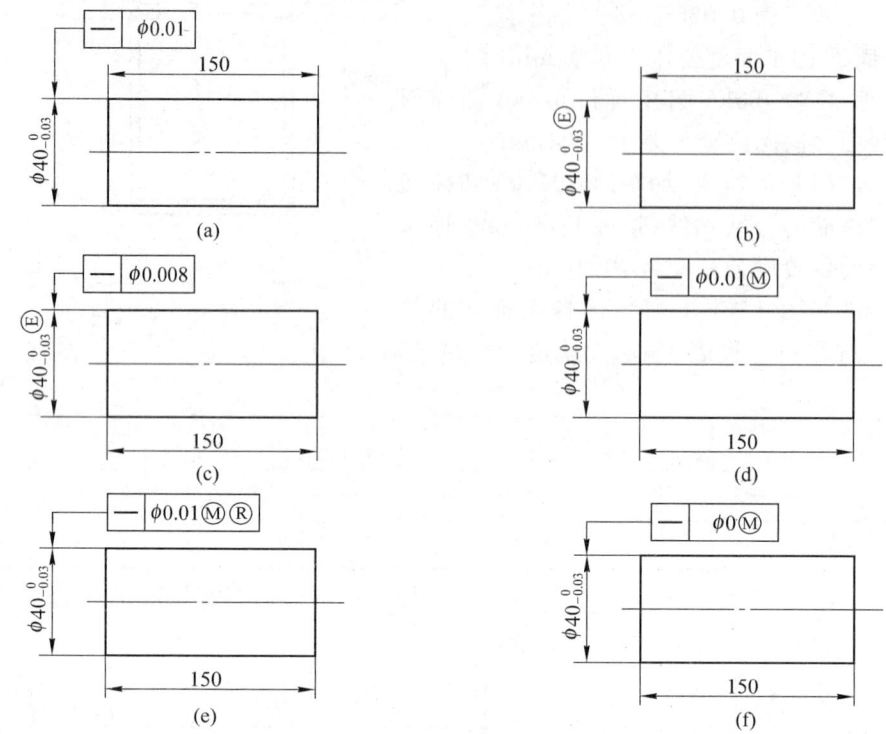

图 1-4.7

表 1-4.2

图样序号	采用的公差原则的名称	边界名称及边界尺寸 (mm)	最大实体状态下允许的形状误差值 (mm)	允许的最大形状误差值 (mm)	实际尺寸合格范围 (mm)
a					
b					
c					
d					
e					
f					

4-8 试根据图1-4.8a~f所示六个图样的标注,分别填写表1-4.3中各项的内容。

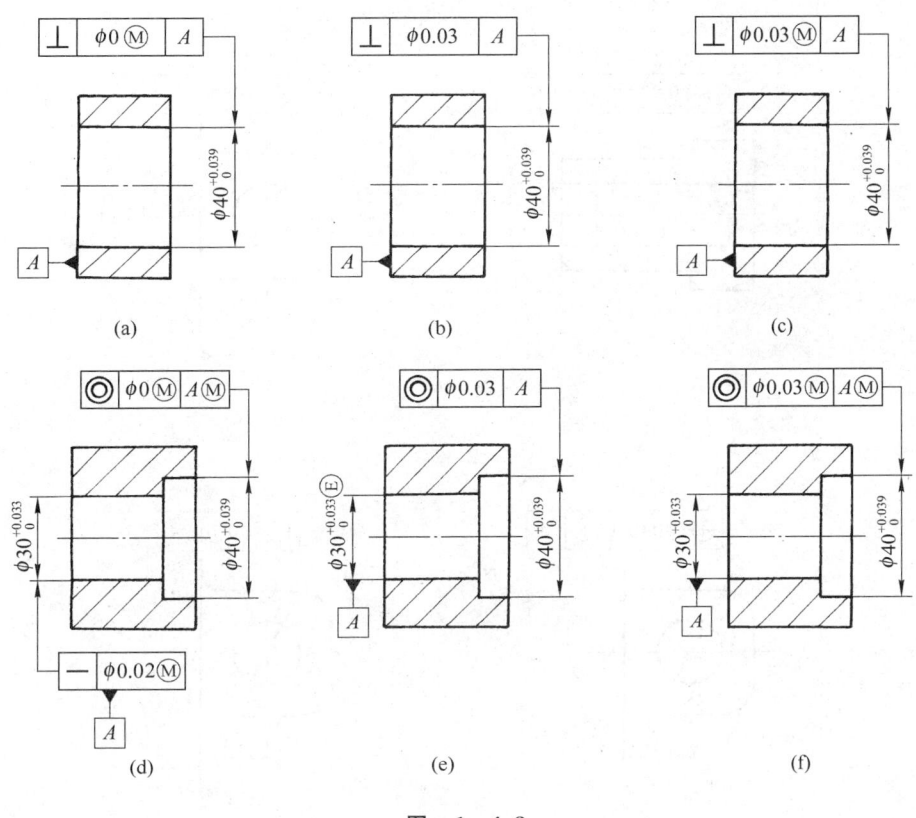

图 1-4.8

表 1-4.3

图样序号	基准要素		被测要素				
	采用的公差原则的名称	边界名称及边界尺寸(mm)	采用的公差原则的名称	边界名称及边界尺寸(mm)	最大实体状态下的位置公差值(mm)	允许的最大位置误差值(mm)	实际尺寸合格范围(mm)
a							
b							
c							
d							
e							
f							

4-9 试根据图 1-4.9a～d 所示四个图样的标注,分别填写表 1-4.4 中各项的内容。

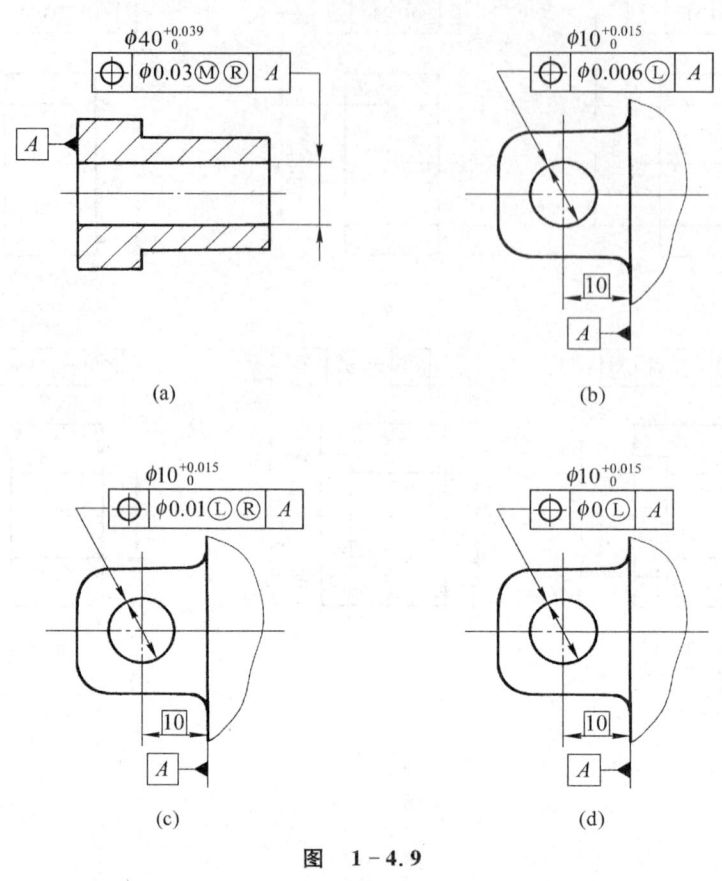

图 1-4.9

表 1-4.4

图样序号	基准要素		被测要素				
	采用的公差原则的名称	边界名称及边界尺寸(mm)	采用的公差原则的名称	边界名称及边界尺寸(mm)	MMC(或LMC)时的位置公差值(mm)	允许的最大位置误差值(mm)	实际尺寸合格范围(mm)
a							
b							
c							
d							

注：括号内的 LMC 为图 b、c、d 的内容。

4-10 用水平仪和桥板测量有效长度为 2000mm 的车床导轨的直线度误差，均匀布置测点，依次测量两相邻测点的高度差。所用水平仪的分度值为 0.01mm/m，桥板跨距为 250mm，测点共 9 个。水平仪在各测点的示值（格数）依次为 0，+1，+1，0，-1，-1.5，+1，0.5，+1.5。试用两端点连线法和按最小条件作图分别求解该导轨的直线度误差值 f_{BE} 和 f_{MZ}。

4-11 参看图 1-4.10a，在平板上以平板工作面作为测量基准，用指示表测量工件的平面度误差。对被测表面沿 x 和 y 方向等距布置测点，在各测点处指示表上的示值（μm）见图 1-4.10b 所列。试按对角线平面法和最小条件求解平面度误差值 $f_{对角}$ 和 f_{MZ}。

4-12 用分度值为 0.02mm/m 的水平仪测量一工件表面的平面度误差。按网格布

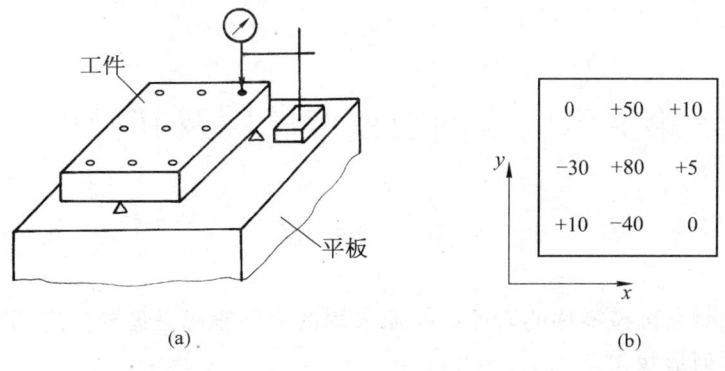

图 1-4.10

线,均布 9 个测点,如图 1-4.11a 所示。在 x 方向和 y 方向测量所用桥板的跨距皆为 200mm。该水平仪在 9 个测点的示值(格数)见图 1-4.11b。试按对角线平面法和最小条件分别评定该被测表面的平面度误差值。

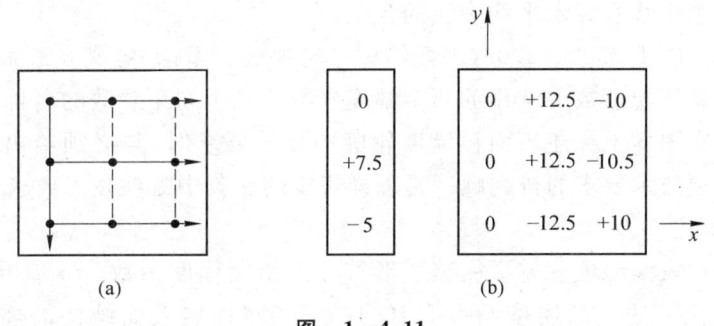

图 1-4.11

4-13 用坐标法测量图 1-4.12 所示零件的位置度误差。测得四个孔的轴线的实际坐标尺寸列于表 1-4.5。试确定该零件上各孔的位置度误差值,并判断合格与否。

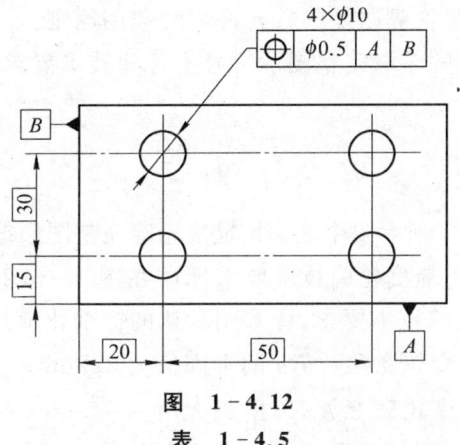

图 1-4.12

表 1-4.5

坐 标 值	孔 序 号			
	1	2	3	4
x(mm)	20.10	70.10	19.90	69.85
y(mm)	15.10	14.85	44.82	45.12

第五章 表面粗糙度轮廓及其检测

思 考 题

5-1 为了研究机械零件的表面结构而采用的表面轮廓是怎样确定的？实际表面轮廓上包含哪三种几何形状误差？

5-2 表面结构中的粗糙度轮廓的含义是什么？它对零件的使用性能有哪些影响？

5-3 测量表面粗糙度轮廓和评定表面粗糙度轮廓参数时，为什么要规定取样长度？标准评定长度等于连续的几个标准取样长度？

5-4 为了定量地评定表面粗糙度轮廓参数，首先要确定基准线，试述可以作为基准线的轮廓的最小二乘中线和算术平均中线的含义。

5-5 试述 GB/T 3505—2009《表面结构 轮廓法 术语、定义及表面结构参数》规定的表面粗糙度轮廓评定参数中常用的两个幅度参数和一个间距参数的名称、符号和含义。

5-6 试述在图样上标注表面粗糙度轮廓的技术要求时，与必须给出的幅度参数（Ra 或 Rz）相关的各项技术要求的排列顺序是怎样规定的。其中哪些技术要求可以采用默认的标准化值，而不标注。

5-7 试述在表面粗糙度轮廓完整图形符号上给定幅度参数（Ra 或 Rz）上限值、下限值和最大值的标注方法。试述按 GB/T 10610—2009《评定表面结构的规则和方法》的规定，评定实测的表面粗糙度轮廓幅度参数合格性时采用的 16% 规则和最大规则的含义。

5-8 试述表面粗糙度轮廓幅度参数 Ra 和 Rz 分别用什么量仪测量。试述这些量仪的测量原理和分别属于哪种测量方法。

5-9 试述表面粗糙度轮廓幅度参数允许值的选用原则。

5-10 试述表面粗糙度轮廓完整图形符号上各项技术要求的标注位置。

习 题

5-1 试解释图 1-5.1 所示 4 个表面粗糙度轮廓完整图形符号上标注的各项技术要求。

5-2 试将下列表面粗糙度轮廓技术要求标注在图 1-5.2 所示的机械加工的零件的图样上（凡未指明具体数值的技术要求，皆采用默认的标准化值）：

① ϕD_1 孔的表面粗糙度轮廓参数 Ra 的上限值为 $3.2\mu m$；

② ϕD_2 孔的表面粗糙度轮廓参数 Ra 的最大值为 $6.3\mu m$；

③ 零件右端面采用铣削加工，表面粗糙度轮廓参数 Rz 的上限值为 $12.5\mu m$，下限值为 $6.3\mu m$，加工纹理呈近似放射形；

④ ϕd_1 和 ϕd_2 圆柱面的表面粗糙度轮廓参数 Rz 的上限值为 $25\mu m$；

⑤ 其余表面的表面粗糙度轮廓参数 Ra 的上限值为 $12.5\mu m$。

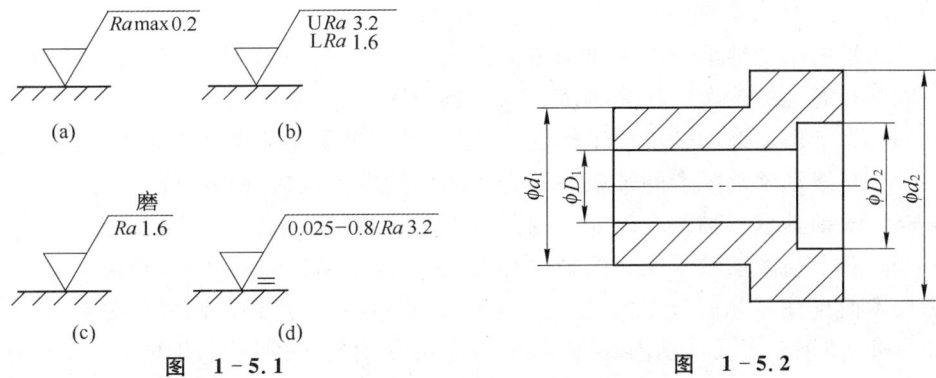

图 1-5.1   图 1-5.2

5-3 试将下列表面粗糙度轮廓技术要求标注在图1-5.3所示的机械加工的零件的图样上(凡未指明具体数值的技术要求,皆采用默认的标准化值):

① 两个 ϕd_1 圆柱面的表面粗糙度轮廓参数 Ra 的上限值为 $1.6\mu m$,下限值为 $0.8\mu m$;

② ϕd_2 轴肩的表面粗糙度轮廓参数 Rz 的最大值为 $20\mu m$;

③ ϕd_2 圆柱面的表面粗糙度轮廓参数 Ra 的最大值为 $3.2\mu m$;

④ 宽度为 b 的键槽两侧面的表面粗糙度轮廓参数 Ra 的上限值为 $3.2\mu m$;

⑤ 其余表面的表面粗糙度轮廓参数 Ra 的最大值为 $12.5\mu m$。

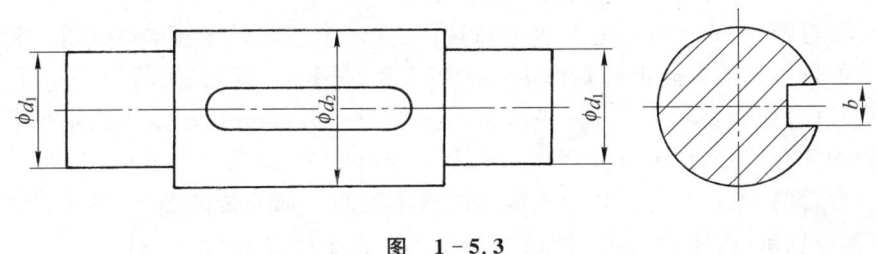

图 1-5.3

5-4 在一般情况下,$\phi60H7$ 孔与 $\phi20H7$ 孔相比较,$\phi40H6/f5$ 与 $\phi40H6/s5$ 中的两个孔相比较,哪个孔应选用较小的表面粗糙度轮廓幅度参数值?

5-5 在一般情况下,圆柱度公差分别为 $0.01mm$ 和 $0.02mm$ 的两个 $\phi45H7$ 孔相比较,哪个孔应选用较小的表面粗糙度轮廓幅度参数值?

第六章 滚动轴承的公差与配合

思 考 题

6-1 滚动轴承内圈与轴颈、外圈与外壳孔的配合应分别采用哪种配合制,为什么?

6-2 GB/T 307.1—2005《滚动轴承 向心轴承 公差》对向心轴承、圆锥滚子轴承的公差等级各分成哪几级?试举例说明轴承各个公差等级的应用场合。

6-3 向心轴承套圈相对于负荷方向的运转状态有哪几种?试述各种套圈负荷的特点。

6-4 滚动轴承内圈内径公差带相对于以公称直径为零线的分布和极限偏差有何特

点？

6-5 根据滚动轴承套圈相对于负荷方向的运转状态的不同,如何选择轴承内圈与轴颈和外圈与外壳孔的配合的松紧程度？试举例说明。

6-6 为了保证滚动轴承的工作性能,轴承必须满足哪两项精度要求？

6-7 与滚动轴承配合的轴颈和外壳孔的精度设计包括哪些内容？

6-8 滚动轴承与轴颈及外壳孔的配合如何在装配图上标注？

6-9 对于与滚动轴承配合的轴颈和外壳孔,除了采用包容要求(或最大实体要求应用于被测要素而标注零几何公差值)以外,为什么还要规定更严格的圆柱度公差？

6-10 如果在滚动轴承内、外圈任何一个横截面内分别测得的内圈内孔、外圈外圆柱面最大与最小直径超差,但它们各自的平均值对公称直径的实际偏差分别在轴承内、外径公差带的范围内,这应判定为合格或不合格？为什么？

习　　题

6-1 6级6309深沟球轴承内径为 $\phi45_{-0.01}^{0}$ mm,外径 $\phi100_{-0.013}^{0}$ mm。与其配合的轴颈和外壳孔的公差带代号分别为 j5 和 H6。试画出轴承内圈与轴颈、外圈与外壳孔配合的孔、轴公差带示意图,并计算它们的极限过盈或间隙。

6-2 参看图 1-6.1 所示的车床主轴箱,根据两个滚动轴承配合的要求,主轴 2 的轴颈和箱体 3 的轴承孔的公差带分别选定为 $\phi60k6$ 和 $\phi95K7$。试确定套筒 4 的内孔与主轴轴颈的配合代号(该配合要求 $X_{max} \leqslant +0.25$ mm, $X_{min} \geqslant +0.08$ mm)和箱体的轴承孔与套筒 1 的外圆柱面的配合代号(该配合要求 $X_{max} \leqslant +0.25$ mm, $X_{min} \geqslant +0.08$ mm)。

6-3 参看图 1-6.2 所示某闭式传动的减速器的一部分装配图,它的传动轴上安装 0 级 6209 深沟球轴承(内径 $\phi45$ mm,外径 $\phi85$ mm),它的额定动负荷为 19700N。工作情况为:外壳固定;传动轴旋转,转速为 980r/min。承受的径向动负荷为 1300N。试确定:

① 轴颈和外壳孔的尺寸公差带代号和采用的公差原则;

② 轴颈和外壳孔的几何公差值和表面粗糙度轮廓幅度参数上限值;

③ 将上述公差要求分别标注在装配图和零件图上(参考第十版《几何量公差与检测》基本教材第六章图 6-8 进行标注)。

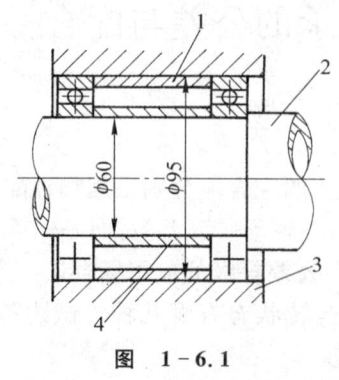

图　1-6.1

1—套筒；2—主轴；3—箱体；4—套筒

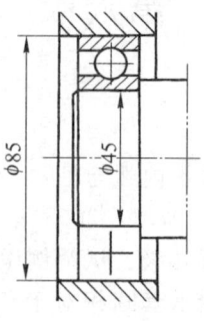

图　1-6.2

第七章　孔、轴检测与量规设计基础

思　考　题

7-1　孔或轴(被测要素)的尺寸公差与几何公差的关系采用独立原则时,它们的实际尺寸和几何误差应如何检测?孔或轴的尺寸公差与几何公差的关系采用包容要求或最大实体要求时,它们的实际尺寸和几何误差应如何检测?

7-2　通常只对孔、轴实际尺寸测量一次,以其极限尺寸作为验收极限来判断合格与否,这可能发生误判,何谓误收?何谓误废?

7-3　GB/T 3177—2009《产品几何技术规范(GPS)　光滑工件尺寸的检验》规定了哪两种验收极限方式来验收孔、轴实际尺寸?试述这两种验收极限方式的具体规定。

7-4　GB/T 3177—2009 规定的两种验收极限方式分别适用于何种情况?

7-5　何谓安全裕度?规定安全裕度的目的何在?按 GB/T 3177—2009 的规定,安全裕度的数值 A 与工件尺寸公差 T 的比值是多少?

7-6　试述验收孔、轴实际尺寸时计量器具的选用原则。按 GB/T 3177—2009 的规定,确定计量器具的测量不确定度允许值时,I 挡计量器具的测量不确定度允许值 u_1 与安全裕度 A 的比例关系是多少?选用 II 挡或 III 挡计量器具的测量不确定度允许值会带来什么影响?

7-7　使用千分尺验收遵守包容要求的或标准公差等级高的孔、轴尺寸时,怎样利用比较测量法来提高千分尺的使用精度?

7-8　可否利用扩大安全裕度的方法,使用测量不确定度数值较大的计量器具,来验收遵守包容要求的或标准公差等级高的孔、轴尺寸?这会带来什么后果?

7-9　试述用光滑极限量规检验孔或轴时通规和止规的用途。被检验的孔或轴的合格条件是什么?

7-10　设计光滑极限量规时应遵循泰勒原则的规定,试述泰勒原则的内容。

7-11　试述泰勒原则与包容要求的异、同之处。

7-12　光滑极限量规通规和止规工作部分应分别具有什么形状?为什么应具有这样的形状?

7-13　光滑极限量规通规和止规以及轴用工作量规的校对量规的定形尺寸公差带是怎样配置的?

7-14　光滑极限量规工作部分的几何公差和表面粗糙度轮廓幅度参数值如何确定?

7-15　为了尽量避免在使用偏离泰勒原则的光滑极限量规检验孔或轴时造成的误判,应如何操作这样的量规?

7-16　试述功能量规的用途。按方向、位置公差特征项目,检验遵守最大实体要求的关联要素的功能量规有哪几种?用功能量规检验被测要素或同时检验同一方向、位置公差特征项目的被测要素和基准要素时,被检验要素的合格条件是什么。

7-17　试述功能量规各个工作部分的功用。

7-18 按功能量规的结构,试述固定式类型和活动式类型的功能量规的特点。

7-19 功能量规检验部分和定位部分的定形尺寸如何确定?它们的公差带是如何配置的?

7-20 功能量规工作部分的形状公差与尺寸公差的关系应采用哪种公差原则?功能量规工作部分的方向、位置公差与尺寸公差的关系应采用哪种公差原则?

7-21 共同检验方式和依次检验方式的功能量规定位部分的功用有何不同?它们的定形尺寸公差带的配置有何不同?

习 题

7-1 用普通计量器具测量下列孔和轴时,试分别确定安全裕度、验收极限以及应使用的计量器具的名称和标尺分度值:

① $\phi35e9$ⒺE; ② $\phi60js8$Ⓔ;
③ $\phi40h7$; ④ $\phi50H12$;
⑤ $\phi41\text{mm}$ 孔 GB/T 1804—f。

7-2 用普通计量器具测量 $\phi150H10$Ⓔ 孔,工艺能力指数 $C_p=1.2$,试确定验收极限,并选择适当的计量器具。

7-3 $\phi30h8$ 轴加工后尺寸的分布遵循偏态分布,偏向轴的最大实体尺寸一边。用普通计量器具测量,试确定验收极限;并按Ⅱ挡计量器具测量不确定度允许值,选择适当的计量器具。

7-4 某轴两轴肩之间的距离为 100mm,其加工精度要求为线性尺寸一般公差的中等级,即 GB/T 1804—m。用普通计量器具测量,试确定验收极限,并选择适当的计量器具。

7-5 试计算下列孔和轴的工作量规工作部分的极限尺寸,并画出被检验的孔或轴以及量规的尺寸公差带示意图:

① $\phi50H8$Ⓔ; ② $\phi30P7$Ⓔ; ③ $\phi40D9$Ⓔ;
④ $\phi60h9$Ⓔ; ⑤ $\phi50s6$Ⓔ; ⑥ $\phi80f7$Ⓔ。

7-6 试计算 $\phi45H7$Ⓔ$/k6$Ⓔ 的孔用工作量规和轴用工作量规及其校对量规工作部分的极限尺寸,并画出被检验的孔、轴以及量规的尺寸公差带示意图。

7-7 试计算 $\phi32JS8$Ⓔ$/h7$Ⓔ 的孔用工作量规和轴用工作量规及其校对量规工作部分的极限尺寸,并画出被检验的孔、轴以及量规的尺寸公差带示意图。

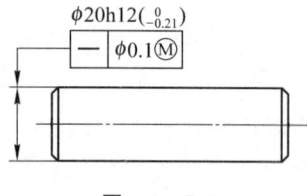

图 1-7.1

7-8 参看图 1-7.1,轴的轴线直线度公差与尺寸公差的关系采用最大实体要求。试按该图规定的技术要求,确定直线度量规的结构和工作部分的极限尺寸、几何公差及应采用的公差原则,并画出量规简图。

7-9 参看图 1-7.2 所示的图样标注,$\phi15H8$ 被测孔的轴线对 $\phi20H8$Ⓔ 基准孔的轴线有同轴度要求,同轴度公差与被测孔尺寸公差的关系采用最大实体要求而标注零几何公差值,并且该同轴度公差与基准孔尺寸公差的关系采用最大实体要求。试按该图规定的技术要求,确定依次检验方式和共同检验方式的同轴度量规的结构和工作部分的极限尺寸、几何

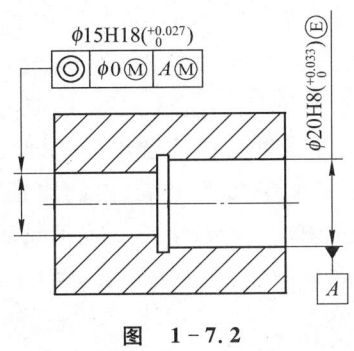
图 1-7.2

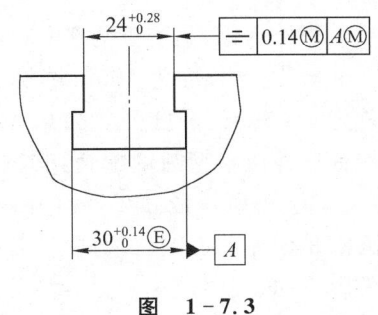
图 1-7.3

公差及应采用的公差原则,并画出量规简图。

7-10 参看图 1-7.3 所示的图样标注,$24_{0}^{+0.28}$ mm 被测槽的中心平面相对于 $30_{0}^{+0.14}$ⒺMm基准槽的中心平面有对称度要求,被测中心平面对称度公差与被测槽尺寸公差的关系以及与基准槽尺寸公差的关系皆采用最大实体要求。试按该图规定的技术要求,确定依次检验方式和共同检验方式的对称度量规的结构和工作部分的极限尺寸、几何公差及应采用的公差原则,并画出量规简图。

第八章 圆锥公差与检测

思 考 题

8-1 试解释下列术语:①内、外圆锥;②圆锥角;③锥度;④公称圆锥;⑤极限圆锥;⑥圆锥直径公差带;⑦极限圆锥角;⑧圆锥角公差带;⑨基面距。

8-2 结构型圆锥配合中,如何确定内、外圆锥装配时最终的轴向相对位置,以获得指定的配合性质?

8-3 位移型圆锥配合中,如何确定内、外圆锥装配时最终的轴向相对位置,以获得指定的配合性质?

8-4 圆锥直径尺寸公差带对位移型圆锥配合的性质有没有影响?为什么?

8-5 按 GB/T 11334—2005《产品几何量技术规范(GPS) 圆锥公差》的规定,圆锥角公差等级分哪几级?试述各个公差等级的应用场合。

8-6 试述圆锥公差标注方法中面轮廓度法、基本锥度法和公差锥度法各自的特点。

8-7 试述用圆锥量规检验工件圆锥角偏差时的特点。

8-8 试述用正弦尺、钢球、量棒、量块等和指示式量具量仪测量工件圆锥角偏差时的特点。

习 题

8-1 有一内圆锥,其锥度为 7:24(圆锥角为 16°35′39.4″),基准平面在大端,圆锥最大直径为 90mm,圆锥长度为 100mm,面轮廓度公差为 0.03mm。试用面轮廓度法标注圆锥公差（画图）。

8-2 有一外圆锥，其锥度为 7∶24（圆锥角为 16°35′39.4″），基准平面在大端，圆锥最大直径为 90mm，圆锥长度为 100mm，圆锥角公差等级为 AT8，直径尺寸公差带为 h8，素线直线度公差为 0.03mm，圆度公差为 0.02mm。试用公差锥度法标注圆锥公差（画图）。

8-3 有三种位移型圆锥配合，其锥度为 7∶24，基准平面在大端，内圆锥最大直径为公称圆锥直径，内、外圆锥最大直径均为 50mm，三种配合中内、外圆锥的公差带见表 1-8.1。若不考虑圆锥角偏差的影响，试分别计算这三种配合的极限轴向位移 $E_{a\,max}$ 和 $E_{a\,min}$，并将计算结果填入表 1-8.1 中。

表 1-8.1

序号	直径公差带代号		$E_{a\,max}$(mm)	$E_{a\,min}$(mm)
	内圆锥	外圆锥		
1	H6	f6		
2	H6	h6		
3	H6	t6		

8-4 参看图 1-8.1 所示的测量示意图，用正弦尺、量块组和指示表测量外圆锥的圆锥角偏差。按圆锥角的公称值 α 和正弦尺的两个等直径圆柱中心距 L，计算量块组的尺寸 h，$h = L\sin\alpha$。在被测外圆锥的两端 A、B 两点处测量，这两个测点间的距离 l 为 50mm，指示表的示值分别为 $+15\mu m$ 和 $+20\mu m$。

① 计算被测圆锥角的偏差值 $\Delta\alpha$。

② 已知 A、B 两点间距离 l 的测量误差 Δl 为 ± 1mm，指示表每次测量的示值误差 Δh 为 $\pm 1\mu m$，不考虑其他因素的影响，试确定圆锥角偏差测量值的测量极限误差 $\delta_{\lim(\alpha)}$。

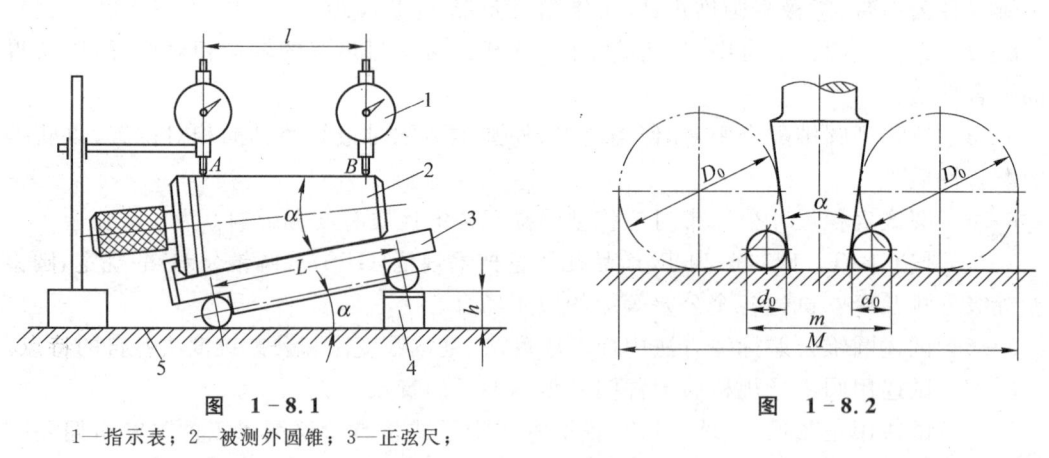

图 1-8.1
1—指示表；2—被测外圆锥；3—正弦尺；
4—量块组；5—平板

图 1-8.2

8-5 参看图 1-8.2，使用两对不同直径的光滑圆柱（它们的直径分别为 d_0 和 D_0）放置在被测外圆锥直径位置的两边，然后用普通计量器具测出跨柱距 m 和 M，试确定被测圆锥角 α 的计算公式。

第九章 圆柱螺纹公差与检测

思 考 题

9-1 何谓螺纹大径、中径、小径？何谓螺纹顶径和底径？

9-2 试述普通螺纹主要参数的误差对互换性的影响。为了保证互换性，应如何对这些参数规定公差或极限偏差？

9-3 何谓作用中径和单一中径？试述按泰勒原则判断普通螺纹中径的合格条件。

9-4 试述螺距误差和牙侧角偏差折算成中径当量的计算式。

9-5 试述普通螺纹公差带的特点。

9-6 GB/T 197—2003《普通螺纹 公差》对普通内、外螺纹的中径和顶径分别规定了哪几个公差等级？

9-7 普通内、外螺纹公差精度各分哪几级？公差精度的划分与哪两个因素有关？

9-8 普通螺纹综合检验有何特点？试述普通螺纹量规通规和止规的牙型和螺纹长度的特征，通规和止规的牙型和螺纹长度为什么不相同。

9-9 试述三针法测量外螺纹单一中径的特点及如何选择量针直径。

9-10 试说明下列螺纹标记中各代号的含义：①M24—6H；②M36×2—5g6g—L；③M30×2—6H/5g6g；④T44×12LH—8。

9-11 试比较螺纹作用中径与孔、轴体外作用尺寸的异、同之处。

9-12 按 JB/T 2886—2008《机床梯形丝杠、螺母技术条件》的规定，机床梯形螺纹丝杠和螺母的精度等级各分哪几级？丝杠公差和螺母公差各有哪几项？

习 题

9-1 试查表确定 M20×2—6H/5g6g 的公称直径，螺栓的中径、大径的极限偏差，螺母的中径、小径的极限偏差。

9-2 加工 M16 螺栓（中径、顶径公差带代号 6g 和中等旋合长度组代号均省略标注），若螺距累积误差 $\Delta P_\Sigma = |-0.01|$ mm，左、右牙侧角偏差 $\Delta\alpha_1 = +30'$、$\Delta\alpha_2 = -40'$，则加工时实际中径应控制在什么范围内，该螺栓才能合格？

9-3 测得 M20—7h6h 螺栓的单一中径为 18.34mm，螺距累积误差为 $|+25|\mu m$，左、右牙侧角偏差分别为 $+30'$ 和 $-40'$。试按泰勒原则判断螺纹中径的合格条件，查表确定该螺栓中径的极限尺寸，以判断该螺栓中径合格与否。

9-4 有一 M24×2 螺母（中径公差带代号 6H 等标记被省略标注），加工后测得数据为：单一中径 $D_{2S} = 22.80$ mm，螺距累积误差 $\Delta P_\Sigma = |-20|\mu m$，左、右牙侧角偏差 $\Delta\alpha_1 = -15'$，$\Delta\alpha_2 = +35'$。试查表确定该螺母中径的极限尺寸，并按泰勒原则判断该螺母中径是否合格。

9-5 在工具显微镜上测量 M24—5h 螺栓，测得实际中径 $d_{2S} = 21.95$ mm，螺距累积误差 $\Delta P_\Sigma = |-50|\mu m$，左、右牙侧角偏差 $\Delta\alpha_1 = -25'$、$\Delta\alpha_2 = +35'$。试计算此螺栓的作用中

径,查表确定此螺栓中径的极限尺寸,并判断此螺栓作用中径和单一中径是否合格。

9-6 某 T40×6—8 丝杠各个参数的公称值如下:大径、中径和小径的基本尺寸分别为 40mm、37mm 和 33mm,螺距基本值为 6mm,牙型半角为 15°,长度为 1.25m,试写出该丝杠各项公差和极限偏差的名称。

第十章 圆柱齿轮公差与检测

思 考 题

10-1 试述对齿轮传动的四项使用要求。其中哪几项要求是精度要求？不同用途和不同工作条件的齿轮的使用要求的侧重点是否有所不同？试举例说明。

10-2 试述齿轮上影响其精度的主要误差的来源。

10-3 试述 GB/T 10095.1—2008《圆柱齿轮 精度制 第 1 部分:轮齿同侧齿面偏差的定义和允许值》规定的齿轮强制性检测精度指标(强制性检测项目)的名称和定义。如何测量这几个指标？

10-4 按 GB/T 10095.1—2008 的规定,齿轮强制性检测精度指标的公差或极限偏差(允许值)的精度等级分为哪几级？

10-5 按照测得的齿廓偏差记录图形,如何确定齿廓总偏差的数值？按照测得的螺旋线偏差记录图形,如何确定螺旋线总偏差的数值？

10-6 如何按照齿轮强制性检测精度指标 5 级精度的公差(允许值)计算公式,来确定它们的任一精度等级的公差(允许值)？这些精度指标的合格条件是什么？

10-7 试述齿轮的侧隙指标中的齿厚偏差和公法线长度偏差的定义和测量方法。在齿轮图上如何标注侧隙指标的技术要求？侧隙指标的合格条件是什么？

10-8 选择齿轮的侧隙指标时,测量公法线长度偏差比测量齿厚偏差优越之处何在？

10-9 评定齿轮精度时,除了强制性检测指标以外,GB/T 10095.1—2008 和 GB/T 10095.2—2008《圆柱齿轮 精度制 第 2 部分:径向综合偏差与径向跳动的定义和允许值》规定了哪几个可采用的非强制性检测指标？试述它们的名称和定义。它们的公差(允许值)的精度等级如何划分？它们如何测量？它们的合格条件是什么？

10-10 齿轮箱体上支承相互啮合齿轮的两对轴承孔的公共轴线间的位置不正确对齿轮传动的使用要求有什么影响？为了保证使用要求,对箱体上这两条公共轴线间的位置应规定哪些项目的公差？

10-11 齿轮副所需的最小侧隙如何确定？该最小侧隙的大小与齿轮的精度等级是否有关？

10-12 齿厚上、下偏差如何确定？

10-13 公法线长度上、下偏差如何确定？

10-14 盘形齿轮的齿轮坯公差项目有哪些？齿轮轴的齿轮坯公差项目有哪些？为什么要规定这些公差项目？齿顶圆直径尺寸偏差和齿顶圆柱面对齿轮基准轴线的径向圆跳动

对齿厚测量结果有何影响？

10-15　齿轮箱体上支承同一根轴的两个轴承孔的同轴度精度应如何规定公差来保证？

习　题

10-1　某减速器的斜齿圆柱齿轮的法向模数 $m_n=3$mm，齿数 $z=20$，标准压力角 $\alpha_n=20°$，分度圆螺旋角 $\beta=8°6'34''$，变位系数为零，齿宽 $b=65$mm，精度等级为 8-8-7 GB/T 10095.1—2008，齿厚上、下偏差分别为 -0.056mm 和 -0.152mm。试确定：

① 三项精度的强制性检测指标的允许值；

② 测量公法线长度时的跨齿数和公称公法线长度及其上、下偏差；

③ 齿面的表面粗糙度轮廓幅度参数及其允许值；

④ 齿轮坯的各项公差或极限偏差（齿顶圆柱面不作为切齿时的找正基准，也不作为测量齿厚的基准）。

10-2　大量生产某直齿圆柱齿轮，其模数 $m=3.5$mm，齿数 $z=30$，标准压力角 $\alpha=20°$，变位系数为零，齿宽 $b=50$mm，精度等级为 7 GB/T 10095.1—2008，齿厚上、下偏差分别为 -0.07mm 和 -0.14mm。试确定：

① 三项精度的强制性检测指标的允许值；

② 测量公法线长度时的跨齿数和公称公法线长度及其上、下偏差；

③ 齿面的表面粗糙度轮廓幅度参数及其允许值；

④ 齿轮坯的各项公差或极限偏差（齿顶圆柱面不作为切齿时的找正基准，也不作为测量齿厚的基准）；

⑤ 用某种切齿方法生产第一批齿轮时，这批齿轮按上列的强制性检测精度指标进行测量后合格，然后在工艺条件不变的情况下，用这种切齿方法继续生产该齿轮而采用双啮仪测量，其传递运动准确性和传动平稳性的评定指标的名称和公差（允许值）。

10-3　某直齿圆柱齿轮的模数 $m=3.5$mm，齿数 $z=30$，标准压力角 $\alpha=20°$，变位系数为零，精度等级为 8 GB/T 10095.1—2008，齿厚上、下偏差分别为 -0.07mm 和 -0.14mm。

(1) 以齿顶圆柱面作为测量弦齿厚的基准，在不计及该圆柱面直径尺寸的实际偏差的影响时，试确定：①公称弦齿高 h_c 和公称弦齿厚 s_{nc} 的数值；②该圆柱面直径尺寸的极限偏差和它对齿轮基准孔轴线的径向圆跳动公差；③弦齿高和弦齿厚在齿轮图上的标注方法。

(2) 以齿顶圆柱面作为测量弦齿厚的基准，且计及该圆柱面直径尺寸的实际偏差的影响，试确定：①该圆柱面直径尺寸的极限偏差和它对齿轮基准孔轴线的径向圆跳动公差；②弦齿高和弦齿厚在齿轮图上的标注方法。

(3) 设齿轮齿顶圆柱面直径的实际尺寸为 $\phi 111.92$mm，计及该圆柱面直径尺寸的实际偏差对齿厚测量结果的影响，则测齿卡尺的垂直卡尺应按什么尺寸调整？

10-4　某通用减速器中相互啮合的两个直齿圆柱齿轮的模数 $m=3$mm，标准压力角 $\alpha=20°$，变位系数为零，齿数分别为 $z_1=25$ 和 $z_2=74$，齿宽分别为 $b_1=75$mm 和 $b_2=70$mm，传递功率为7kW，基准孔直径分别为 $d_1=\phi 40$mm 和 $d_2=\phi 55$mm。主动齿轮的转速 $n_1=1280$ r/min。采用油池润滑。工作时发热引起温度升高，要求最小侧隙 $j_{bn\,min}=0.21$mm。试确定：

① 大、小齿轮的精度等级；

② 大、小齿轮的各个强制性检测精度指标的公差或极限偏差(允许值);

③ 大、小齿轮齿厚的极限偏差;

④ 大、小齿轮的公称公法线长度及相应的跨齿数、极限偏差;

⑤ 大、小齿轮的齿轮坯公差;

⑥ 大、小齿轮各个表面的表面粗糙度轮廓幅度参数及其允许值;

⑦ 画出小齿轮的零件图,并将上述技术要求标注在齿轮图上(齿轮的结构参看有关图册或手册进行设计)。

齿轮轮毂采用光滑孔和普通平键键槽,需要确定光滑孔的公差带代号、键槽宽度和深度的公称尺寸和极限偏差以及键槽中心平面对光滑基准孔轴线的对称度公差。

10-5 某普通车床主轴箱中相互啮合的两个直齿圆柱齿轮的模数 $m=2.75\text{mm}$,标准压力角 $\alpha=20°$,变位系数为零,齿数分别为 $z_1=26$ 和 $z_2=56$,齿宽分别为 $b_1=28\text{mm}$ 和 $b_2=24\text{mm}$,传递功率为 5kW,齿轮基准孔直径分别为 $d_1=\phi26\text{mm}$ 和 $d_2=\phi42\text{mm}$。主动齿轮的转速 $n_1=1650\text{r/min}$。齿轮材料为 45 钢,线膨胀系数 $\alpha_1=11.5\times10^{-6}\text{℃}^{-1}$;箱体材料为铸铁,线膨胀系数 $\alpha_2=10.5\times10^{-6}\text{℃}^{-1}$。齿轮的工作温度 $t_1=60\text{℃}$,箱体的工作温度 $t_2=40\text{℃}$。采用喷油润滑。试确定:

① 大、小齿轮的精度等级;

② 大、小齿轮的各个强制性检测精度指标的公差或极限偏差(允许值);

③ 大、小齿轮齿厚的极限偏差;

④ 大、小齿轮的公称公法线长度及相应的跨齿数、极限偏差;

⑤ 大、小齿轮的齿轮坯公差;

⑥ 大、小齿轮各个表面的粗糙度轮廓幅度参数及其允许值;

⑦ 画出小齿轮的零件图,并将上述技术要求标注在齿轮图上(齿轮的结构参看有关图册或手册进行设计)。

齿轮轮毂可以采用光滑孔和普通平键键槽,或采用矩形花键孔。前者需要确定光滑孔的公差带代号、键槽宽度和深度的公称尺寸和极限偏差以及键槽中心平面对光滑基准孔轴线的对称度公差;后者需要确定内花键的键数与小径、大径、键槽宽度的公称尺寸和公差带代号以及花键位置度公差。

10-6 某减速器中相互啮合的两个直齿圆柱齿轮的精度等级为 8-8-7 GB/T 10095.1—2008,模数 $m=5\text{mm}$,标准压力角 $\alpha=20°$,齿数 $z_1=20$,$z_2=100$,齿宽 $b=60\text{mm}$,公称中心距 $a=300\text{mm}$,齿轮箱体轴承孔跨距 $L=120\text{mm}$。试确定齿轮箱体上支承相互啮合齿轮的两对轴承孔的公共轴线间的相互位置公差:

① 中心距极限偏差;

② 被测轴线对基准轴线在轴线平面上和在垂直平面上的平行度公差。

10-7 参看图 1-10.1 所示的分度和

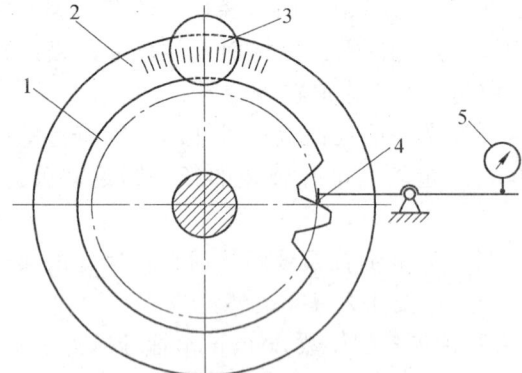

图 1-10.1 在分度和测量装置上用绝对法测量齿距偏差时的示意图

1—被测齿轮;2—分度头;3—显微镜;4—测头;5—指示表

测量装置,利用它按绝对法测量齿轮的齿距偏差。测量时,与被测齿轮 1 同轴线的分度头 2 主轴按理论齿距角精确分度定位,测头 4 置于齿高中部且与齿面接触,在切向读取示值。首先把被测齿轮的某个齿面调整到起始定位角为 0°的位置(从显微镜 3 中观察角度数值),再将指示表 5 的示值调整到零位示值。在保持测量装置以及测头与指示表的位置不变的情况下,主轴每转过一个理论齿距角(360°/z,z 为被测齿轮的齿数),测头 4 逐齿地与各齿面接触,并依次从指示表 5 上读取示值,它就是齿距实际偏差逐齿累计值(线值)。

某 6 级精度(GB/T 10095.1—2008)直齿圆柱齿轮的模数 $m=3$mm,齿数 $z=12$,标准压力角 $\alpha=20°$。该齿轮加工后用绝对法在图 1-10.1 所示的分度和测量装置上测量其各个左齿面齿距偏差,测量数据(指示表示值)见表 1-10.1。试处理这些数据,确定该齿轮左齿面的齿距累积总偏差和单个齿距偏差评定值,并根据前者的公差和后者的极限偏差(它们的允许值),判断它们合格与否。

表 1-10.1 用绝对法测量齿距偏差所得的数据

轮齿序号	1→2	1→3	1→4	1→5	1→6	1→7	1→8	1→9	1→10	1→11	1→12	1→1
主轴分度定位角(逐齿累计理论齿距角)(°)	30	60	90	120	150	180	210	240	270	300	330	360
指示表示值(μm)	+3	+5	+10	+9	+6	+2	−1	−4	−8	−5	−2	0

10-8 某 7 级精度(GB/T 10095.1—2008)直齿圆柱齿轮的模数 $m=3$mm,齿数 $z=12$,标准压力角 $\alpha=20°$。该齿轮加工后用双测头式齿距比较仪按相对法测量其各个右齿面的齿距偏差,即先按某一齿距调整量仪指示表的示值零位(该齿距称为基准齿距),然后用这个调整好示值零位的量仪依次测量其余齿距对基准齿距的偏差,相应地依次从量仪指示表上读取示值。测量数据(指示表示值)见表 1-10.2。试处理这些数据,确定该齿轮的齿距累积总偏差和单个齿距偏差评定值,并根据前者的公差和后者的极限偏差(它们的允许值),判断它们合格与否。

表 1-10.2 用相对法测量齿距偏差所得的数据

齿距序号	p_1	p_2	p_3	p_4	p_5	p_6	p_7	p_8	p_9	p_{10}	p_{11}	p_{12}
轮齿序号	1→2	2→3	3→4	4→5	5→6	6→7	7→8	8→9	9→10	10→11	11→12	12→1
指示表示值(μm)	0	+3	0	+3	−3	+15	+9	+12	+6	+9	+6	−6

第十一章 键和花键联结的公差与检测

思 考 题

11-1 普通平键联结中,键、轴键槽和轮毂键槽三者的哪个表面是配合表面?哪个尺寸是配合尺寸?它们的配合采用哪种配合制?为什么采用这种配合制?

11-2 试述 GB/T 1095—2003《平键 键槽的剖面尺寸》规定的普通平键联结配合表面的尺寸公差带与三类配合。它们分别应用于何种场合？

11-3 普通平键联结中，键、轴键槽和轮毂键槽三者的哪些表面是非配合表面？这些非配合表面的尺寸公差带如何确定？

11-4 规定轴键槽和轮毂键槽配合表面的中心平面分别相对于轴和轮毂孔的基准轴线的对称度公差的目的是什么？

11-5 轴键槽对称度公差与轴键槽配合表面的尺寸公差的关系以及与轴的尺寸公差的关系，可否皆采用独立原则？或皆采用最大实体要求？或前者采用最大实体要求而后者采用独立原则？采用不同的公差原则（独立原则或最大实体要求）时，对称度误差如何检测？

11-6 轮毂键槽对称度公差与轮毂键槽配合表面的尺寸公差的关系以及与轮毂孔的尺寸公差的关系，可否皆采用独立原则？或皆采用最大实体要求？或两者采用不同的公差原则（独立原则或最大实体要求）？对于图样上给定的不同公差原则要求，对称度误差如何检测？

11-7 轴键槽和轮毂键槽的深度尺寸的上、下偏差如何确定？

11-8 轴键槽和轮毂键槽的配合表面和非配合表面的表面粗糙度轮廓幅度参数允许值如何确定？

11-9 按 GB/T 1144—2001《矩形花键 尺寸、公差和检验》的规定，采用内、外矩形花键三个主要表面中的哪个表面作为定心表面？为什么选择这个表面作为定心表面？内、外矩形花键定心表面间和非定心表面间的配合和精度要求有何不同？

11-10 试述 GB/T 1144—2001 规定的一般用途和精密传动用的内、外矩形花键尺寸公差带与装配型式。

11-11 规定内、外矩形花键键槽和键的两侧面的中心平面分别对内、外矩形花键定心表面的基准轴线的位置度公差的目的是什么？该位置度公差与键槽（或键）宽度的尺寸公差的关系以及与定心表面的尺寸公差的关系皆采用最大实体要求有何优越性？

11-12 不用花键量规检验时，规定内、外矩形花键键槽和键的两侧面的中心平面分别对内、外矩形花键定心表面的基准轴线的对称度公差的目的是什么？

11-13 内、外矩形花键定心表面和非定心表面的表面粗糙度轮廓幅度参数允许值如何确定？

11-14 在装配图上怎样标注矩形花键副的规格和配合代号？在零件图上怎样标注内、外矩形花键的规格和尺寸公差带代号？

11-15 试述内、外矩形花键采用不同的公差原则时的检测方法。

11-16 按图样检测合格的内、外矩形花键装配后的配合性质与图样上标注的内、外矩形花键尺寸公差带表示的配合性质相比较，是前者与后者相同？或是前者比后者稍紧？为什么？

11-17 圆柱直齿渐开线花键联结与内、外直齿圆柱齿轮啮合有何相似之处？它们的差异何在？

11-18 按 GB/T 3478.1—2008《圆柱直齿渐开线花键 第1部分：总论》的规定，试述圆柱直齿渐开线花键联结采用的三种标准压力角和两种齿根。

11-19 试述内、外圆柱直齿渐开线花键的配合表面、非配合表面和定心方式以及内、外花键的配合尺寸和非配合尺寸。

11-20 何谓渐开线花键的实际齿槽宽、作用齿槽宽、实际齿厚、作用齿厚、作用侧隙？

11-21 内、外圆柱直齿渐开线花键的齿侧配合采用哪种配合制？内、外花键配合部位的精度各分为哪几个公差等级？内、外花键配合尺寸公差带的基本偏差各有哪几种？

11-22 在装配图上怎样标注圆柱直齿渐开线花键副的规格和配合代号？在零件图上怎样标注内、外圆柱直齿渐开线花键的规格和配合尺寸公差带代号？

11-23 按 GB/T 3478.5—2008《圆柱直齿渐开线花键 第5部分:检验》所规定的渐开线花键配合部位检测方法,试述其中的基本方法和单项测量的特点。

11-24 按照不同的渐开线花键配合部位检测方法,在零件图上应如何标注不同的技术要求？

11-25 按图样检测合格的内、外渐开线花键装配后的配合性质与图样上标注的内、外渐开线花键配合尺寸公差带表示的配合性质相比较,是前者与后者相同？或是前者比后者稍紧？为什么？

习 题

11-1 $\phi 40H7/m6$ 配合中孔和轴采用普通平键联结中的正常联结来传递转矩。试确定：①该孔和轴的极限偏差；②轮毂键槽和轴键槽宽度和深度的公称尺寸及极限偏差；③该孔和轴本身采用的公差原则；④轮毂键槽两侧面的中心平面相对于轮毂孔基准轴线的对称度公差值,该对称度公差采用独立原则；⑤轴键槽两侧面的中心平面相对于轴的基准轴线的对称度公差值,该对称度公差与键槽宽度尺寸公差的关系采用最大实体要求,而与轴尺寸公差的关系采用独立原则；⑥孔、轴和键槽的表面粗糙度轮廓幅度参数及其允许值。将这些技术要求标注在图 1-11.1 上。

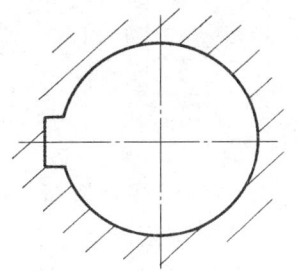
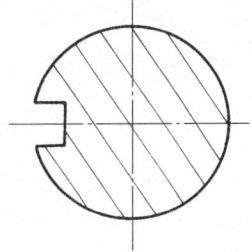

图 1-11.1

11-2 根据 GB/T 1144—2001 的规定,按小径定心的矩形花键副在装配图上的标注为 $6 \times 23 \dfrac{H7}{g7} \times 26 \dfrac{H10}{a11} \times 6 \dfrac{H11}{f9}$。试确定：①内、外花键的小径、大径、键槽宽度、键宽度的极限偏差；②键槽和键的两侧面的中心平面对定心表面轴线的位置度公差值；③定心表面本身采用的公差原则；④位置度公差与键槽宽度(或键宽度)尺寸公差及定心表面尺寸公差的关系应采用的公差原则;⑤内、外花键的表面粗糙度轮廓幅度参数及其允许值。将这些技术要求标注在图 1-11.2 上。

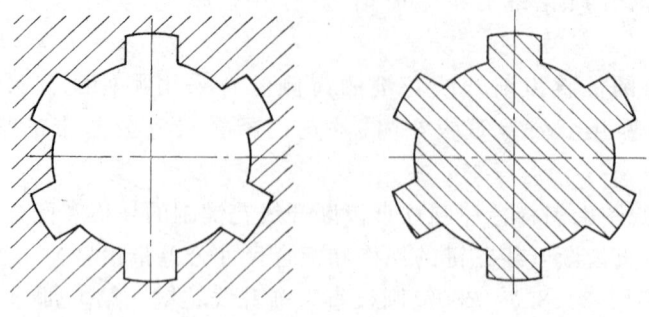

图 1-11.2

11-3 某车床主轴箱中一个可轴向滑动的变速齿轮的花键孔与花键轴的联结采用规格为 8×42×46×8 的矩形花键联结。内、外花键表面的硬度要求 40HRC 以上,定心精度要求较高。试按照 GB/T 1144—2001,确定:①内、外花键小径、大径、键槽宽度、键宽度的极限偏差;②键槽和键的两侧面的中心平面对定心表面轴线的位置度公差值;③定心表面本身采用的公差原则;④位置度公差与键槽宽度(或键宽度)尺寸公差及定心表面尺寸公差的关系应采用的公差原则;⑤内、外花键的表面粗糙度轮廓幅度参数及其允许值。将这些技术要求标注在图 1-11.3 上。

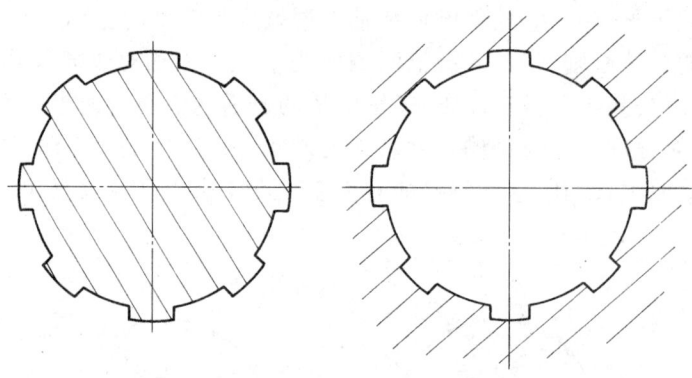

图 1-11.3

11-4 图 1-11.4a 和 b 分别为某汽车变速箱中的圆柱直齿渐开线花键啮合齿圈和具有与该齿圈内花键相配合的外花键的零件的图样。该花键副的标记为 INT/EXT 32z×2m×30P×6H/6h GB/T 3478.1—2008。令内、外花键分别采用 GB/T 3478.5—2008 所规定的检测方法中的单项测量和基本方法进行检测。试确定:①内、外花键的分度圆直径;②内、外花键的大径、小径的公称尺寸和极限偏差;③内花键渐开线终止圆直径最小值;④外花键渐开线起始圆直径最大值;⑤内、外花键齿根圆弧曲率半径最小值;⑥内、外花键的检测项目的极限值;⑦齿面的表面粗糙轮廓幅度参数允许值。将上述技术要求中的①、②、⑦项标注在零件图上,其余则列出内、外花键的数据表。

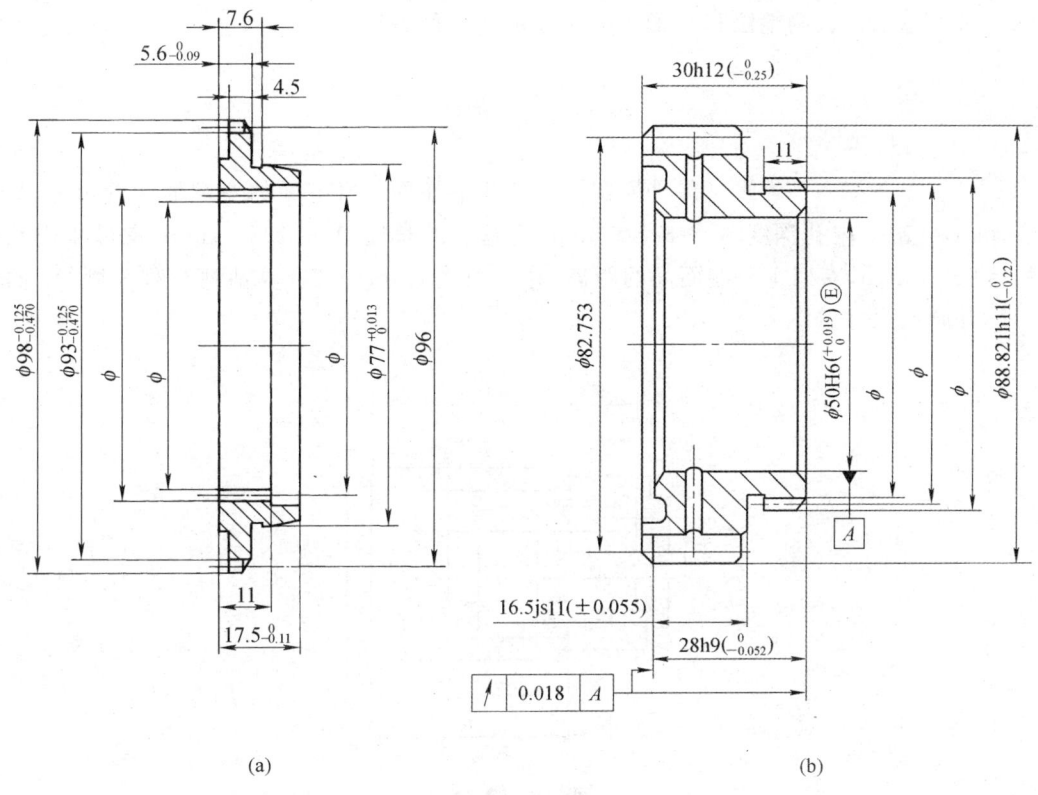

图 1-11.4

第十二章 尺 寸 链

思 考 题

12-1 什么是尺寸链？尺寸链中环、封闭环、组成环、增环和减环各有何特性？

12-2 在一个尺寸链中是否必须同时具有封闭环、增环和减环等三种环？并举例说明。

12-3 按功能要求，尺寸链分为装配尺寸链、零件尺寸链和工艺尺寸链，它们各有什么特征？并举例说明。

12-4 按尺寸链各环的相互位置，尺寸链分为直线尺寸链、平面尺寸链和空间尺寸链，它们各有什么特征？并举例说明。

12-5 建立装配尺寸链时，怎样确定封闭环，怎样查明组成环？

12-6 建立尺寸链时，为什么要遵循"最短尺寸链原则"？

12-7 建立尺寸链时，如何考虑几何误差对封闭环的影响？并举例说明。

12-8 尺寸链计算中的设计计算和校核计算的内容是什么？

12-9 用完全互换法和用大数互换法计算尺寸链各自的特点是什么？它们的应用条

件有何不同?

12-10 分组法、调整法和修配法解尺寸链各有何特点?

习 题

12-1 图 1-12.1 为水泵部件简图。支架 1 的端面与气缸 2 的左端面间的尺寸 $A_1 = 50_{-0.62}^{0}$ mm,气缸 2 内孔深度 $A_2 = 31_{0}^{+0.62}$ mm,活塞 3 的长度 $A_3 = 19_{-0.52}^{0}$ mm,螺母 4 内孔深度 $A_4 = 11_{0}^{+0.43}$ mm,支架 1 两端面间的距离 $A_5 = 40_{-0.62}^{0}$ mm。试计算活塞行程长度 A_0 的极限尺寸,并画出尺寸链图。

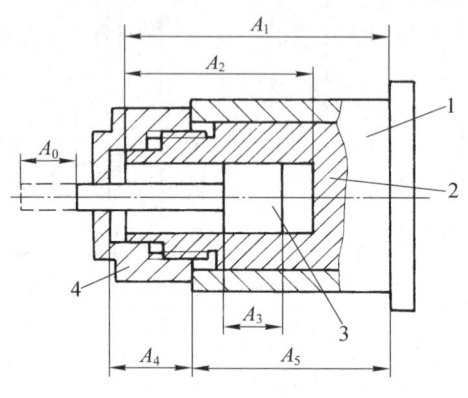

图 1-12.1

1—支架; 2—气缸; 3—活塞; 4—螺母

12-2 图 1-12.2 为双联转子(摆线齿轮)泵简图。按技术要求,常温下的轴向装配间隙 A_0 应为 0.05~0.15mm。影响 A_0 的各组成环的公称尺寸分别为:壳体 5 内孔深度 $A_1 = 41$mm,内转子 4 宽度 $A_2 = 17$mm,隔板 3 厚度 $A_3 = 7$mm,外转子 2 宽度 $A_4 = 17$mm。为了保证上述技术要求,试确定各组成环的极限偏差,并画出尺寸链图。

12-3 图 1-12.3 为动力头传动箱简图。按机床通用技术要求,齿轮副端面错位的允许偏差取决于齿轮宽度:当齿轮宽度大于 20mm 时,不得超过齿轮宽度的 5%;当齿轮宽度不大于 20mm 时,不得超过 1mm。

图 1-12.3 中,齿轮宽度 $b = 15$mm,于是齿轮副端面错位的允许变动范围 $C_0 = (0±1)$mm。影响 C_0 的各组成环的公称尺寸或极限尺寸分别为:套筒长度 $C_1 = 25$mm;箱体上轴承孔的深度 $C_2 = 20$mm,另一轴承孔的深度 $C_3 = 16$mm;滚动轴承的安装高度 $C_4 = 15.5_{-0.5}^{0}$mm,滚动轴承内圈宽度 $C_5 = 14_{-0.1}^{0}$mm(这两项由《滚动轴承样本》查得);套筒长度 $C_6 = 30.5$mm。为了保证上述技术要求,试确定各组成环的极限偏差,并画出尺寸链图。

12-4 参看图 1-12.4,设计上要求轴的直径和键槽深度完工后尺寸分别为 $\phi 45_{+0.002}^{+0.018}$mm 和 $39.5_{-0.2}^{0}$mm。该轴的加工顺序如下:先按工序尺寸 $\phi 45.6_{-0.1}^{0}$mm 车外圆,再按工序尺寸 A 铣键槽,淬火后,磨外圆至设计上所要求的轴径,并得到设计上所要求的轴键槽深度。试计算工序尺寸 A 及其极限偏差。

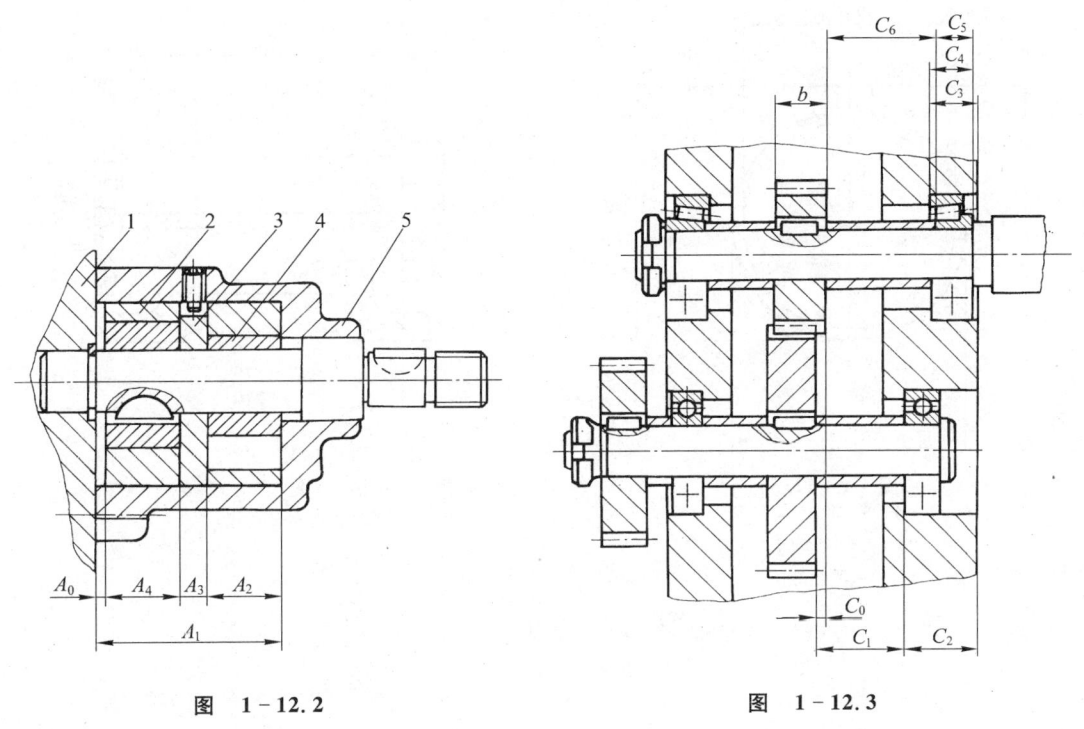

图 1-12.2

1—机体；2—外转子；3—隔板；
4—内转子；5—壳体

图 1-12.3

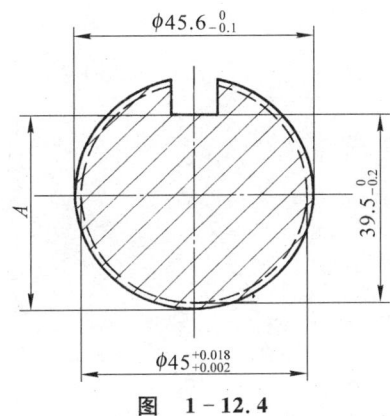

图 1-12.4

12-5 图1-12.5所示孔和孔键槽的加工顺序如下：先镗孔至孔径 $\phi 39.6^{+0.1}_{0}$ mm，再插键槽至深度 A，淬火后，磨孔至图样上标注的孔径 $\phi 40^{+0.025}_{0}$ mm，同时孔键槽深度达到图样上标注的尺寸 $43.3^{+0.2}_{0}$ mm。试计算工序尺寸 A 及其极限偏差。

12-6 图1-12.6为链传动机构简图。按技术要求，链轮左端面与右侧轴承右端面之间应保持0.5~1mm的间隙。试确定影响该间隙的有关尺寸及其极限偏差。

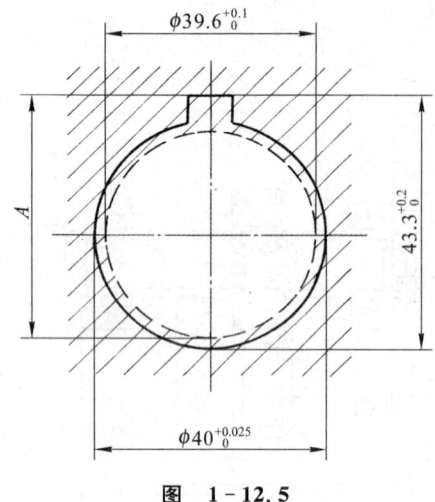

图 1-12.5

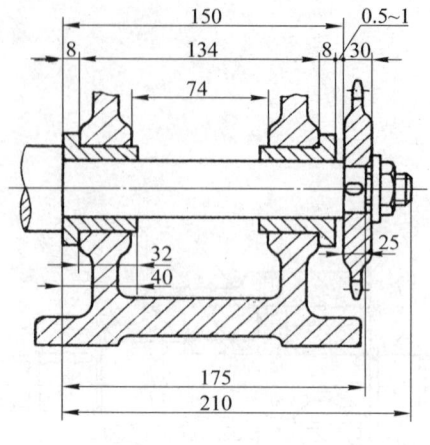

图 1-12.6

第二部分 几何量公差与检测试题

试卷 1 吉林大学试题

一、填空题：每空 0.5 分，共 15 分。

1. 机器零部件的互换性就是同一规格的零部件按规定的技术要求制造，能够相互替换使用，而_____的性能。

2. 优先数系 R20 系列中的优先数，自 1 以后，每增_____个优先数，数值增至 10 倍；R20/3 系列就是从基本系列 R20 中，自 1 以后，每逢_____项取一个优先数组成的派生系列。

3. 计量器具的技术性能指标中，标尺分度值是指标尺_____所代表的量值；标尺示值范围是指计量器具所能显示的被测几何量_____的范围；计量器具测量范围是指它所能测出的被测几何量量值的_____的范围；测量精度是指被测几何量的测得值与其真值的接近程度，正确度反映测量结果中_____误差的影响程度。

4. 按 GB/T 1800.2—2009 的规定，常用尺寸孔和轴的标准公差等级各分为_____等 20 级。按 GB/T 307.1—2005 的规定，向心轴承的公差等级分为_____等 5 级。按 GB/T 10095.1—2008 的规定，渐开线圆柱齿轮的强制性检测精度指标的公差（允许值）的精度等级分为_____等 13 级。

5. 孔在图样上标注为 $\phi 80JS8$，已知 $IT8=45\mu m$，则该孔的下偏差为_____mm，最小实体尺寸为_____mm。

6. 滚动轴承外圈与外壳孔的配合采用基_____制，普通平键联结中的键与孔键槽宽度的配合采用基_____制，内、外矩形花键小径定心表面的配合采用基_____制。

7. 选择孔与轴配合的配合制时，优先选用基_____制，原因是_____。

8. 在装配图上，滚动轴承内圈与轴颈的配合应标注_____公差带代号。若内圈相对于负荷方向旋转，则该内圈与轴颈的配合应选择较_____的配合。由于内圈基准孔的尺寸公差带采用了位于以内圈公称内径为零线_____的布置，因此，若轴颈选用 k6 公差带，则它们的配合性质实际上是_____配合。

9. 圆柱齿轮齿厚公差的大小主要由_____公差和_____公差确定；规定盘形齿轮的齿轮坯基准端面对基准孔轴线的轴向圆跳动公差的目的主要是_____。

10. 为了保证圆柱齿轮传动的使用要求，对齿轮箱体上支承相互啮合齿轮的两对轴承孔的公共轴线间的相互位置应规定_____和_____、_____公差。

11. 按 GB/T 10095.2—2008 的规定，齿轮径向综合偏差允许值的精度等级分为

_____等九级。

12. 包容要求给定的边界是_____边界，它用来限制被测要素的_____不得超越该边界。

二、单项选择题：每小题1分，共15分。（从每个小题的四个备选答案中，选出一个正确答案，并将正确答案的号码写在题干后面的括号内。）

1. 保证互换性生产的基础是（ ）。
① 大量生产　　② 现代化　　③ 标准化　　④ 检测技术

2. 利用同一加工方法，加工 $\phi50H6$ 孔和 $\phi100H7$ 孔，应理解为（ ）。
① 前者加工困难　　　　　　② 后者加工困难
③ 两者加工难易相同　　　　④ 无从比较

3. 基本偏差代号为J、K、M的孔与基本偏差代号为h的轴可以构成（ ）。
① 间隙配合　② 间隙或过渡配合　③ 过渡配合　④ 过盈配合

4. $\phi20f7$ 和 $\phi20f8$ 两个公差带的（ ）。
① 上偏差相同且下偏差相同　　② 上偏差相同而下偏差不相同
③ 上偏差不相同而下偏差相同　　④ 上、下偏差各不相同

5. 孔与轴配合的最大间隙为 $+23\mu m$，孔的下偏差为 $-18\mu m$，轴的下偏差为 $-16\mu m$，轴的公差为 $16\mu m$，则配合公差为（ ）。
① $32\mu m$　② $39\mu m$　③ $34\mu m$　④ $41\mu m$

6. 按 GB/T 1144—2001 的规定，矩形花键联结采用的定心方式为（ ）。
① 大径 D 定心　　　　　　② 小径 d 定心
③ 键侧（键槽侧）B 定心　　④ 大径、小径或键侧（键槽侧）定心

7. 按 GB/T 3478.1—2008 的规定，圆柱直齿渐开线花键联结采用的定心方式为（ ）。
① 大径定心　　　　　　② 小径定心
③ 齿侧定心　　　　　　④ 大径、小径或齿侧定心

8. 按 GB/T 10610—2009 的规定，测量和评定表面粗糙度轮廓幅度参数时，标准评定长度取为标准化的连续（ ）。
① 3个取样长度　② 4个取样长度　③ 5个取样长度　④ 6个取样长度

9. 外螺纹中径的上极限尺寸和下极限尺寸分别用来控制（ ）。
① 螺距误差与牙侧角偏差的综合结果和中径偏差
② 单一中径和作用中径
③ 作用中径和单一中径
④ 中径偏差和螺距误差与牙侧角偏差的综合结果

10. 用普通计量器具测量 $\phi40^{+0.007}_{-0.032}$ mm 孔。按 GB/T 3177—2009 的规定，安全裕度取为工件尺寸公差的十分之一，该孔的下验收极限为（ ）。
① 40.0109mm　② 40.0031mm　③ 39.9719mm　④ 39.9641mm

11. 齿轮副所需的最小侧隙 $j_{bn\,min}$ 与齿轮精度等级的关系是（ ）。
① 齿轮精度等级越高，则 $j_{bn\,min}$ 越小　　② 齿轮精度等级越高，则 $j_{bn\,min}$ 越大
③ $j_{bn\,min}$ 与齿轮精度等级有关　　　　　④ $j_{bn\,min}$ 与齿轮精度等级无关

12. 在车床上加工零件,要求该零件某表面粗糙度轮廓的最大高度的上限值为16μm,应采用的表面粗糙度轮廓代号是（　　）。

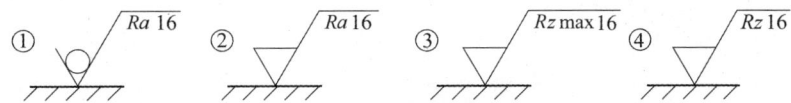

13. 按 GB/T 197—2003 的规定,普通内螺纹中径的公差等级分为（　　）。
① 3、4、5、6、7、8、9 共七级　　　　② 3、4、5、6、7、8 共六级
③ 4、5、6、7、8、9 共六级　　　　　　④ 4、5、6、7、8 共五级

14. 对某几何量进行等精度测量9次,单次测量值的标准偏差为3μm,则以9次测量值的平均值作为测量结果的测量极限误差为（　　）。
① ±3μm　　　② ±1μm　　　③ ±6μm　　　④ ±9μm

15. 几何公差框格 $\boxed{\oplus\ |\phi0.3|C|B|A}$ 表示所采用的三基面体系中第三基准平面与第一、二基准平面的关系为（　　）。
① $C\perp A$ 且 $C\perp B$　　② $A\perp C$ 且 $A\perp B$　　③ $A\perp B$　　④ $A\perp C$

三、标注题和改错题：共10分。

1. 试将下列几何公差要求用几何公差框格和符号标注在图2-1.1上。（4分）
① 两个 ϕd_1 轴颈皆采用包容要求；
② 两个 ϕd_1 轴颈的轴线分别对它们的公共基准轴线的同轴度公差皆为0.01mm；
③ ϕd_2 圆柱面相对于两个 ϕd_1 轴颈的公共基准轴线的径向圆跳动公差为0.015mm；
④ 宽度为 b 的键槽的中心平面相对于 ϕd_2 圆柱面轴线的对称度公差为0.025mm。

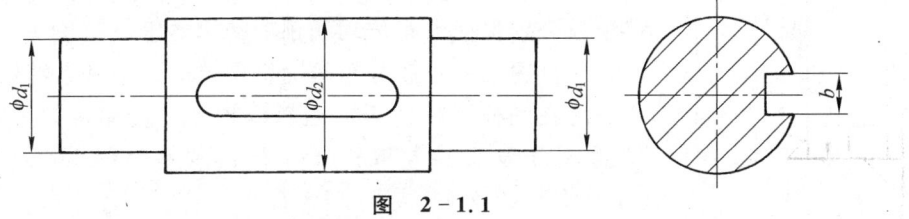

图 2-1.1

2. 试改正图2-1.2所示的图样上几何公差的标注错误（几何公差特征项目不允许改变）。（6分）

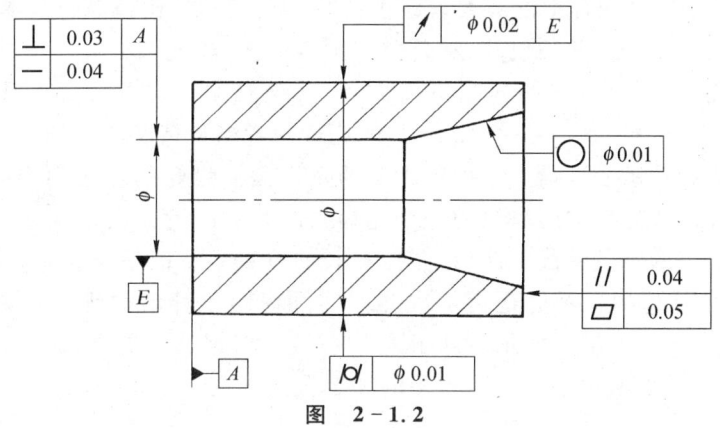

图 2-1.2

四、简答题：共20分。

1. 试根据图2-1.3a和b所示的图样标注填写表2-1.1。(7分)

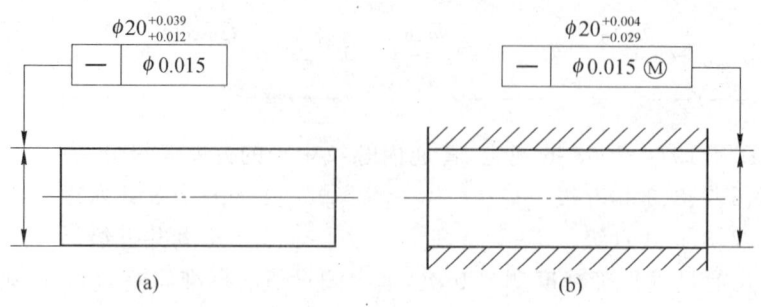

图 2-1.3

表 2-1.1

图 号	边 界 名 称	边界尺寸(mm)	当横截面形状正确时允许的最大直线度误差值(mm)	
			最大实体状态时	最小实体状态时
图2-1.3a				
图2-1.3b				

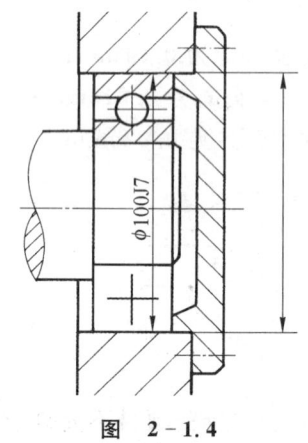

图 2-1.4

2. 参看图2-1.4所示圆柱齿轮减速器装配图的部分图样，试确定 $\phi100J7$ 外壳孔与端盖(轴承盖)定位圆柱面的配合中该圆柱面的尺寸公差带代号。(3分)

3. 试说明 $\pm f_{pt}$、F_p、F_β 和 F_α 等四个公差或极限偏差(允许值)项目分别保证齿轮传动的哪项使用要求。(4分)

4. 试述服从正态分布的随机误差的四个基本特性。(4分)

5. 在图样上标注表面粗糙度轮廓的传输带数值时，其长波滤波器截止波长 λ_c 与取样长度 lr 的关系是什么？规定 λ_c 的目的是什么？(2分)

五、计算题：共40分。

1. 试将基孔制配合 $\phi50H7({}^{+0.025}_{0})/s6({}^{+0.059}_{+0.043})$ 改换为基轴制配合 S7/h6，确定基轴制配合中的最大与最小过盈、配合公差、孔和轴的基本偏差、孔和轴的上极限偏差与下极限偏差，并画出孔、轴公差带示意图。(10分)

2. 测量两段直线距离，它们的测得值 L_i 及其绝对测量误差 ΔL_i 如下：$L_1=200$ mm，$\Delta L_1=0.1$ mm；$L_2=400$ mm；$\Delta L_2=0.2$ mm。试比较两者测量精度的高低。(3分)

3. 用分度头和指示表测量一个齿数为8的直齿圆柱齿轮的左齿面实际齿距对理论齿距的偏差。测量时，首先把被测齿轮的一个轮齿(序号为1)齿面调整到起始定位角为0°的位置，并调整指示表的示值零位。此后，在指示表的位置不变的情况下，分度头主轴每转过45°，用调整好示值零位的指示表逐齿依次测取实际齿距累计值对理论齿距累计值的偏差(线值)。指示表逐齿依次测得的示值列于表2-1.2。根据这些数据，试确定该齿轮左齿面的齿距累积总偏差的数值和单个齿距偏差的评定值。(6分)

表 2-1.2

轮齿序号	1→2	1→3	1→4	1→5	1→6	1→7	1→8	1→1
分度头主轴的分度定位角(°)	45	90	135	180	225	270	315	360（即0°）
指示表示值(μm)	+15	+30	+10	+5	−20	−24	−10	0

4. 用分度值为0.01mm/m的水平仪测量工作长度为1.4m的某导轨的直线度误差。所用桥板的跨距为200mm，将导轨等分成7段（均匀布置8个测点）。按各测点的位置依次逐段测量，水平仪在这8个测点的示值（格数）分别是0、+1.5、−3、−0.5、−2、+3、+2、+1。试按两端点连线和最小条件分别评定导轨的直线度误差值。（6分）

5. 图2-1.5a为安装在锥齿轮减速器箱体上的滚动轴承套杯的简图，图样上对该套杯凸缘厚度尺寸和凸缘右端面至孔底的距离尺寸分别给定为$10_{-0.4}^{\ 0}$mm 和 $140_0^{+0.1}$mm。但测量尺寸$140_0^{+0.1}$mm极为麻烦。为了测量方便，并保证两个设计尺寸的精度要求，可以把测量极为麻烦的尺寸$140_0^{+0.1}$mm作为封闭环，经过工艺尺寸链计算得到图2-1.5b所示的两个比较容易测量的加工尺寸（凸缘厚度尺寸$10_{-0.05}^{\ 0}$mm和凸缘左端面至孔底的距离尺寸$150_0^{+0.05}$mm），来加工该套杯。但这两个加工尺寸的公差（皆为0.05mm）分别比两个设计尺寸的公差（0.4mm和0.1mm）小得多，这样加工显然是不经济的。

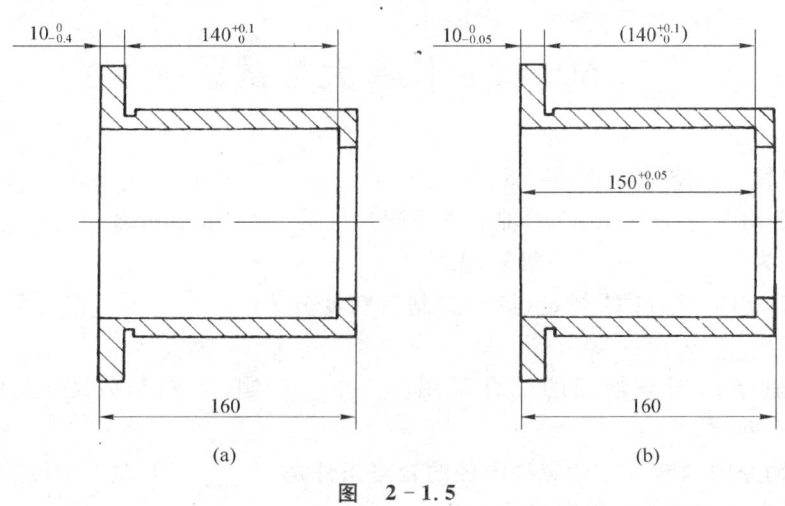

图 2-1.5

图2-1.6为批量生产时利用夹具（心轴）来加工该套杯的示意图。加工时控制卡规所测量的尺寸L，就能够经济地保证设计尺寸$140_0^{+0.1}$mm的精度要求。相应地，可以直接获得凸缘厚度尺寸$10_{-0.4}^{\ 0}$mm。试确定：

① 心轴上的主要尺寸($L+140$)和卡规所测量的尺寸L的公称值以及它们的上、下极限偏差，并画出尺寸链图。应当指出，心轴只加工一件（精密加工），而套杯则加工若干件，因此尺寸($L+140$)应给予严格的公差，而尺寸L则应给予较松的公差，来保证设计尺寸$140_0^{+0.1}$mm的精度要求。（6分）

② 卡规通规和止规的极限尺寸（设通规和止规的制造公差各为工件尺寸公差的10%，通规尺寸公差带中心到工件最大实体尺寸之间的距离为工件尺寸公差的15%）。（5分）

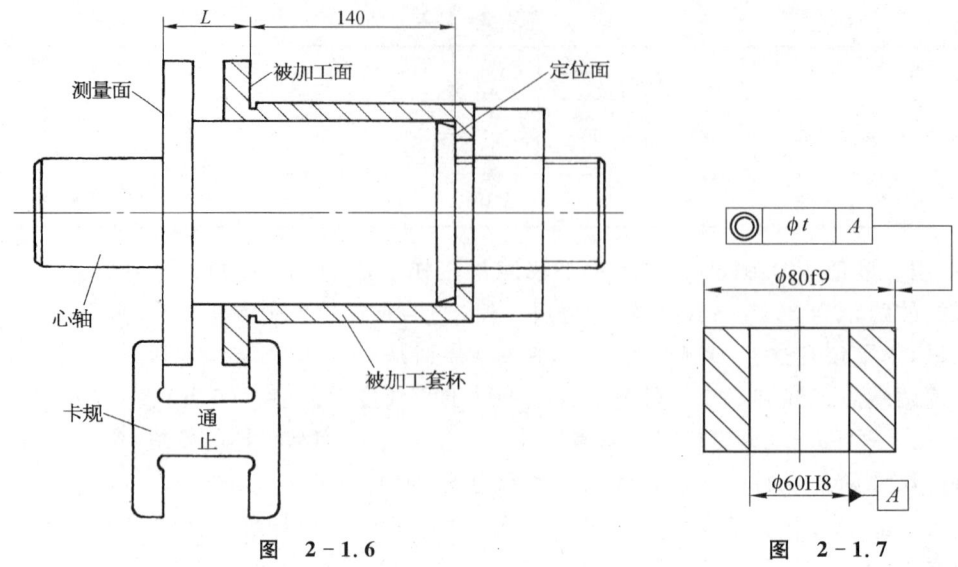

图 2-1.6　　　　　　　　　图 2-1.7

6. 加工如图 2-1.7 所示的套筒时,内孔加工至 $\phi60H8(^{+0.046}_{0})$,外圆柱面加工至 $\phi80f9(^{-0.030}_{-0.104})$,加工后要求该套筒壁厚为 $10^{-0.005}_{-0.085}$ mm。为了保证该要求,试计算图样上应规定的最大限度的外圆柱面轴线对内孔轴线的同轴度公差值 ϕt。(4分)

试卷 2　长春大学试题

一、填空题：每空 0.5 分,共 15 分。

1. 已知公称尺寸为 $\phi50$mm 的轴的下极限尺寸为 $\phi49.995$mm,公差为 0.011mm,则它的上极限偏差为_____mm,下极限偏差为_____mm。

2. 按 JJG 146—2011 的规定,量块按制造精度分为_____等五级;按检定精度分为_____等五等。

3. 滚动轴承内圈与轴颈的配合采用基_____制;外圈与外壳孔的配合采用基_____制。

4. 按泰勒原则判断普通外螺纹中径的合格条件是_____不大于中径的上极限尺寸;且_____不小于中径的下极限尺寸。

5. 按 GB/T 1144—2001 的规定,矩形花键联结采用_____制配合,采用_____定心;按 GB/T 3478.1—2008 的规定,圆柱直齿渐开线花键联结采用_____制配合,采用_____定心。

6. 测量和评定表面粗糙度轮廓参数时规定取样长度的目的在于_____;按 GB/T 3505—2009 的规定,表面粗糙度轮廓的最大高度的符号为_____。

7. 按 GB/T 10095.1—2008 的规定,渐开线圆柱齿轮的精度等级分为_____共13级;其中_____级精度是13个精度等级中的基础级,也是该标准所给出齿轮各项公差和极限偏差(允许值)计算公式中的精度等级。

8. 光滑极限量规的通规用来控制工件_____尺寸不得超越其_____,而止规则用来控制工件_____尺寸不得超越其_____。

9. 尺寸链的组成环中,减环是指它的变动引起封闭环_____变动的组成环;增环是指它的变动引起封闭环_____变动的组成环。

10. GB/T 321—2005规定_____数列作为优先数系;R5系列中的优先数,每增加5个数,则数值增大到_____倍。

11. 齿轮副侧隙的作用在于_____和_____。

12. 用普通计量器具测量 $\phi 30_{-0.092}^{-0.040}$ mm 轴,若安全裕度为0.0052mm,则该轴的上验收极限为_____mm,下验收极限为_____mm。

13. 在圆锥配合中,内、外圆锥的直径偏差和圆锥角偏差的综合结果会引起_____和_____。

二、单项选择题:每小题1分,共15分。(从每个小题的四个备选答案中,选出一个正确答案,并将正确答案的号码写在题干后面的括号内。)

1. 按GB/T 11334—2005的规定,光滑圆锥的圆锥角公差等级分为(　　)。
① IT1、IT2、…、IT12等12级　　② $AT1$、$AT2$、…、$AT12$ 等12级
③ 1、2、…、12等12级　　④ T1、T2、…、T12等12级

2. 6208向心轴承内圈与 $\phi 40m6$ 轴颈配合,形成(　　)。
① 过渡配合　　② 过盈配合
③ 间隙配合　　④ 过盈配合或过渡配合

3. 表面粗糙度轮廓的符号 表面纹理应(　　)。
① 平行于视图所在的投影面　　② 垂直于视图所在的投影面
③ 呈两斜向交叉方向　　④ 呈多方向

4. 下列的齿轮公差项目中,不属于综合公差的项目是(　　)。
① F_r　　② F_i'　　③ f_i''　　④ F_i''

5. 优先数系中R10/3系列是(　　)。
① 基本系列　　② 补充系列　　③ 派生系列　　④ 等差系列

6. GB/T 10095.2—2008中规定的齿轮径向综合总偏差允许值的精度等级分为(　　)。
① 1、2、3、…、10共10级　　② 3、4、5、…、12共10级
③ 4、5、6、…、12共9级　　④ 1、2、3、…、9共9级

7. 如果某轴一横截面实际轮廓由直径分别为 $\phi 30.05$ mm 和 $\phi 30.03$ mm 的两个同心圆包容而形成最小包容区域,则该轮廓的圆度误差值为(　　)。
① 0.02mm　　② 0.01mm　　③ 0.04mm　　④ 0.015mm

8. 测量工件时,由于测量温度变化产生的测量误差属于(　　)。
① 计量器具误差　　② 方法误差　　③ 人为误差　　④ 环境误差

9. 以齿轮齿顶圆柱面作为基准,用测齿卡尺测量齿厚减薄量时,若计及齿顶圆直径尺寸的实际偏差对测量结果的影响,则图样上应标注齿顶圆直径尺寸的公差带为(　　)。
① h6　　② h7　　③ h8　　④ h11

10. 要求相互结合的孔与轴有相对运动,它们的配合必须选用(　　)。

① 过渡配合　　　　② 过盈配合　　　　③ 间隙配合　　　　④ 配制配合

11. 尺寸链中在装配过程或加工过程最后自然形成的一个环叫做（　　）。
① 增环　　　　　② 减环　　　　　③ 封闭环　　　　　④ 组成环

12. 基本偏差代号为 d、e、f 的轴与基本偏差代号为 H 的基准孔形成（　　）。
① 间隙配合　　　② 过渡配合　　　③ 过盈配合　　　④ 间隙或过渡配合

13. 按 JB/T 2886—2008 的规定,机床梯形丝杠的精度等级分为（　　）。
① 0、1、2、3、4、5、6 共 7 级　　　　② 1、2、3、4、5、6、7 共 7 级
③ 2、3、4、5、6、7、8 共 7 级　　　　④ 3、4、5、6、7、8、9 共 7 级

14. 在测量条件不变的情况下,对某尺寸重复测量 4 次,计算得到单次测量值的标准偏差为 $6\mu m$,则用 4 次测量值的平均值表示测量结果的测量极限误差为（　　）。
① $\pm 4.5\mu m$　　② $\pm 9\mu m$　　③ $\pm 12\mu m$　　④ $\pm 18\mu m$

15. 有一位移型圆锥配合,锥度为 $C=1:10$,要求装配后得到间隙配合：$X_{\min}=+0.002mm$,$X_{\max}=+0.056mm$,则内、外圆锥的相对轴向位移公差为（　　）。
① 0.054mm　　　② 0.54mm　　　③ 0.56mm　　　④ 0.02mm

三、标注题和改错题：共 10 分。

1. 试将下列技术要求标注在图 2-2.1 上。（6 分）
① 齿轮齿顶圆柱面相对于两个 $\phi 30k6$ 轴颈的公共轴线的径向圆跳动公差为 0.018mm;
② 两个 $\phi 30k6$ 轴颈皆采用包容要求;

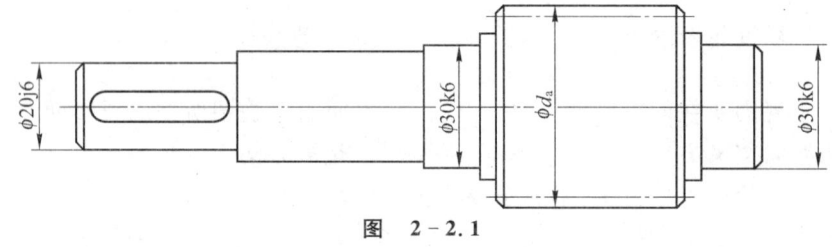

图 2-2.1

③ $\phi 20j6$ 轴头的键槽两侧面的中心平面对轴头轴线的对称度公差为 0.020mm;
④ 上述键槽两侧面的表面粗糙度轮廓参数 Ra 的上限值为 $3.2\mu m$;
⑤ 齿顶圆柱面的表面粗糙度轮廓参数 Ra 的最大值为 $3.2\mu m$;
⑥ 齿轮齿面的粗糙度轮廓参数 Rz 的最大值为 $8.0\mu m$。

2. 试改正图 2-2.2 所示的图样上几何公差和表面粗糙度轮廓代号的标注错误（几何公差特征项目不允许改变,正确的标注不要修改）。（4 分）

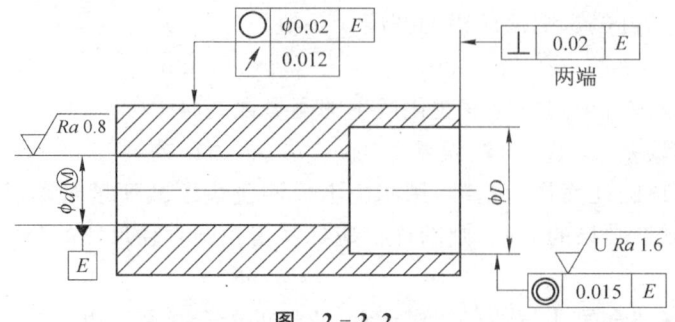

图 2-2.2

四、简答题：共 20 分。

1. 试述几何量测量的实质。一个完整的测量过程应包括哪几个要素？（4分）
2. 某螺纹的标记为 M10-7g6g-L，试说明该标记中各个代号的含义。（3分）
3. 某矩形花键联结标注为 $8\times46\dfrac{H7}{f7}\times50\dfrac{H10}{a11}\times9\dfrac{H11}{d10}$，试说明该标注中各项代号的含义。内、外矩形花键键槽和键的两侧面的中心平面对小径定心表面轴线的位置公差有哪两种选择？试述它们的名称及相应采用的公差原则。（4分）
4. 试述 GB/T 10095.1—2008 规定的齿轮各个强制性检测精度指标的公差或极限偏差（允许值）的名称和符号，并选择一项评定齿厚减薄量的指标。（5分）
5. 试举三例说明孔与轴配合中应采用基轴制的场合。（4分）

五、计算题：共 40 分。

1. 已知基孔制配合 $\phi50\mathrm{H}7\left(^{+0.025}_{\ 0}\right)/\mathrm{n}6\left(^{+0.033}_{+0.017}\right)$，试计算确定配合性质相同的基轴制配合 $\phi50\mathrm{N}7/\mathrm{h}6$ 的孔和轴的极限偏差以及极限间隙或过盈、配合公差，并画出孔、轴公差带示意图。（10分）
2. 试按图 2-2.3a 和 b 所标注的几何公差和相关要求，填写表 2-2.1 各栏目的内容。（10分）

表 2-2.1

图号	相关要求的名称	边界名称和边界尺寸 (mm)	最大实体尺寸 (mm)	最小实体状态下允许的最大几何误差值 (mm)	孔和轴实际尺寸的合格条件
a					
b					

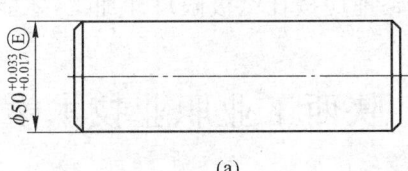

(a)

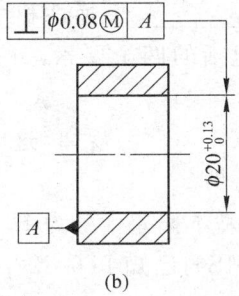

(b)

图 2-2.3

3. 已知基孔制孔与轴配合的公称尺寸为 $\phi30mm$，最小过盈 $Y_{min}=-0.020mm$，最大过盈 $Y_{max}=-0.054mm$。试根据表 2-2.2 确定该孔和轴的标准公差等级、极限偏差和配合代号。(6 分)

表 2-2.2

公称尺寸(mm)	标准公差 IT (μm)				轴基本偏差 ei (μm)			
	6	7	8	9	p	r	s	t
>18~30	13	21	33	52	+22	+28	+35	+41
>30~50	16	25	39	62	+26	+34	+43	+48

4. 用分度值为 0.01mm/m 的水平仪测量车床导轨的直线度误差，所用桥板的跨距为 100mm。按等距离的间隔(跨距)均布 9 个测点，该水平仪在各测点的示值(格数)依次为 0、-2、+1、-3、-3、+3、+1、-3、-2。试按最小条件求解直线度误差值 f_{MZ}。(4 分)

5. 用分度头和指示表测量一个齿数为 10 的直齿圆柱齿轮的右齿面实际齿距对理论齿距的偏差。测量时首先把被测齿轮的一个轮齿(序号为 1)齿面调整到起始定位角为 0°的位置，并调整指示表示值零位。此后，指示表的位置保持不变，分度头主轴每转过 36°，由该指示表逐齿依次测取实际齿距累计值对理论齿距累计值的偏差(线值)。指示表逐齿测量得到的示值列于表 2-2.3。根据这些数据，试确定被测齿轮右齿面的传递运动准确性和传动平稳性的强制性检测精度指标的数值。(5 分)

表 2-2.3

轮齿序号	1→2	1→3	1→4	1→5	1→6	1→7	1→8	1→9	1→10	1→1
分度头主轴分度定位角(°)	36	72	108	144	180	216	252	288	324	360 (即 0°)
指示表示值(μm)	-10	-22	-25	-18	-6	+8	+12	+20	+6	0

6. $\phi45H7(^{+0.039}_{0})/f6(^{-0.025}_{-0.050})$ 配合中，轴在装配前需镀铬，镀铬层的厚度为 $(0.01\pm0.002)mm$。试确定该轴在镀铬前应按什么极限尺寸加工，才能满足配合要求。(5 分)

试卷 3 陕西工业职业技术学院试题

一、填空题：每空 0.5 分，共 15 分。

1. 互换性按互换程度可分为 _____ 互换性和 _____ 互换性两类。
2. 一个完整的测量过程应包括的四个要素，分别是 _____、_____、_____ 和 _____。
3. 随机误差的分布通常服从 _____ 规律，这时随机误差具有 _____、_____、_____ 和 _____ 等四个基本特性。
4. 基本偏差代号为 g 的轴与基本偏差代号为 H 的孔形成 _____ 配合。
5. 孔在图样上的标注为 $\phi100JS6$，已知 $IT6=22\mu m$，则该孔的下偏差为 _____ mm。
6. 基孔制是指基本偏差为一定的 _____ 公差带，与不同基本偏差的 _____ 的公差带形成各种配合的一种制度。

7. 已知 $\phi 40 \dfrac{H8\binom{+0.039}{0}}{k7\binom{+0.027}{+0.002}}$，则：$T_h=$ _____ mm；$T_s=$ _____ mm；$T_f=$ _____ mm；$X_{max}=$ _____ mm；$Y_{max}=$ _____ mm。

8. 几何公差的研究对象是构成机械零件几何特征的_____。

9. 圆度公差带的形状为_____，任意方向上的直线度公差带的形状为_____。

10. 图样上标注表面粗糙度轮廓的指定传输带时，其长波滤波器的截止波长 λ_c 等于_____，用于抑制或排除掉_____。

11. 图样上标注表面粗糙度轮廓幅度参数 Ra 或 Rz 允许值时，同时标注上、下限值所用的符号为_____，标注最大值所用的符号为_____。

12. 若不考虑普通螺纹大径和小径的尺寸偏差，则影响螺纹互换性的主要几何参数误差或偏差是_____、_____和_____。

二、**单项选择题**：每题 1 分，共 15 分。（从每个小题的四个备选答案中，选出一个正确答案，并将正确答案的号码写在题干后面的括号内。）

1. 保证互换性生产的基础是（　　）。
   ① 大量生产　　② 现代化　　③ 标准化　　④ 检测技术

2. 对某尺寸进行 9 次等精度测量，设粗大误差已剔除，也没有系统误差，9 次测得值的算术平均值为 50.006mm，测量列单次测量的标准偏差为 0.003mm，则测量结果是（　　）。
   ① 50.006±0.009　　② 50.006±0.001　　③ 50.006±0.006　　④ 50.006±0.003

3. 用立式光学比较仪测量轴径的方法属于（　　）。
   ① 主动测量法　　② 相对测量法　　③ 动态测量法　　④ 绝对测量法

4. 已知某孔、轴配合中，$X_{max}=+30\mu m$，$EI=-11\mu m$，$ei=-16\mu m$，$T_s=16\mu m$，则配合公差为（　　）。
   ① $14\mu m$　　② $27\mu m$　　③ $41\mu m$　　④ $46\mu m$

5. 下列孔、轴配合中，配合性质最紧的是（　　）。
   ① H7/g6　　② JS7/h6　　③ H7/h6　　④ H7/s6

6. 在图样上标注几何公差要求，当几何公差值的数字前面加注 ϕ 时，则被测要素公差带形状为（　　）。
   ① 两同心圆　　　　　　　　② 两同轴圆柱面
   ③ 圆形、圆柱形或球形　　　④ 圆形或圆柱形

7. 按 GB/T 16671—2009 的规定，最大实体要求应用于被测要素及其对应的基准要素时，若该基准要素的导出要素没有标注几何公差，或者注有几何公差，但几何公差值后面没有标注符号Ⓜ时，则该基准要素应遵守的边界为（　　）。
   ① 最大实体边界　　　　② 最大实体实效边界
   ③ 最小实体实效边界　　④ 没有边界

8. 下列四个几何公差特征项目中公差带形状与径向全跳动公差带形状相同的那个公差项目是（　　）。
   ① 圆度　　② 圆柱度　　③ 同轴度　　④ 位置度

9. 滚动轴承外圈与外壳孔的配合应采用（　　）。
   ① 基孔制配合　　　　② 基轴制配合

③ 非配合制配合　　　　　　　　　　④ 不能确定

10. 按 GB/T 307.3—2005 的规定,向心轴承的公差等级分为(　　)。
① 2、4、5、6、0 共五级　　　　　　② 2、3、4、5、0 共五级
③ 0、2、4、5、6 共五级　　　　　　④ 0、2、3、4、5 共五级

11. 按 GB/T 11334—2005 的规定,圆锥角公差的公差等级分为(　　)。
① 1、2、3、…、10 共 10 级　　　　② $AT1、AT2、AT3、…、AT10$ 共 10 级
③ 1、2、3、…、12 共 12 级　　　　④ $AT1、AT2、AT3、…、AT12$ 共 12 级

12. 与普通螺纹的公差精度有关的因素是(　　)。
① 公差等级　　　　　　　　　　　② 旋合长度
③ 公差带和旋合长度　　　　　　　④ 公差等级和基本偏差

13. 螺纹 M8×1—6H 的含义是(　　)。
① 粗牙螺纹;螺距 1mm;中径公差代号 6H;中等旋合长度,左旋
② 细牙螺纹;螺距 1mm;顶径公差代号 6H;中等旋合长度,右旋
③ 粗牙螺纹;螺距 1mm;中径和顶径公差代号 6H;中等旋合长度,左旋
④ 细牙螺纹;螺距 1mm;中径和顶径公差代号 6H;中等旋合长度,右旋

14. 下列指标中,评定齿轮传递运动的准确性的指标是(　　)。
① ΔF_p　　② ΔF_β　　③ $\Delta f_i'$　　④ ΔE_w

15. 一个尺寸链的环数至少有包含封闭环在内的(　　)。
① 两个环　　② 三个环　　③ 四个环　　④ 五个环

三、标注题和改错题:共 10 分。

1. 试将下列几何公差要求用几何公差框格和符号标注在图 2-3.1 上:(6 分)
① $\phi 60$mm 孔的公差带为 H7,并采用遵守包容要求;$\phi 150$mm 圆柱面的公差带为 h9,并采用独立原则;
② 端面 a 对 $\phi 60$mm 孔轴线的轴向全跳动公差为 0.03mm;
③ 端面 b 对 $\phi 60$mm 孔轴线的轴向圆跳动公差为 0.04mm;
④ $\phi 150$mm 圆柱面轴线对 $\phi 60$mm 孔轴线的同轴度公差为 0.05mm;
⑤ 6×$\phi 20$H8 孔(均布)对端面 a(第一基准)和 $\phi 60$mm 孔轴线的位置度公差为 0.06mm,且被测要素的位置度公差与尺寸公差的关系以及与基准孔尺寸公差的关系皆采用最大实体要求。

2. 试改正图 2-3.2 所示的图样上几何公差的标注错误(几何公差特征项目不允许改变)。(4 分)

四、简答题:共 20 分。

1. 试述圆度公差带与径向圆跳动公差带的异同。(3 分)
2. 何谓最小条件?试述给定平面内的直线度误差最小包容区域判别准则。(4 分)
3. 评定实测的表面粗糙度轮廓幅度参数时,可以采用 16% 规则或最大规则,试述 16% 规则的含义。(2 分)
4. 滚动轴承内圈内径公差带相对于以公称内径为零线的分布和极限偏差有何特点?(3 分)
5. 试述普通螺纹量规的止规应具有的牙型形状和螺纹长度。(3 分)

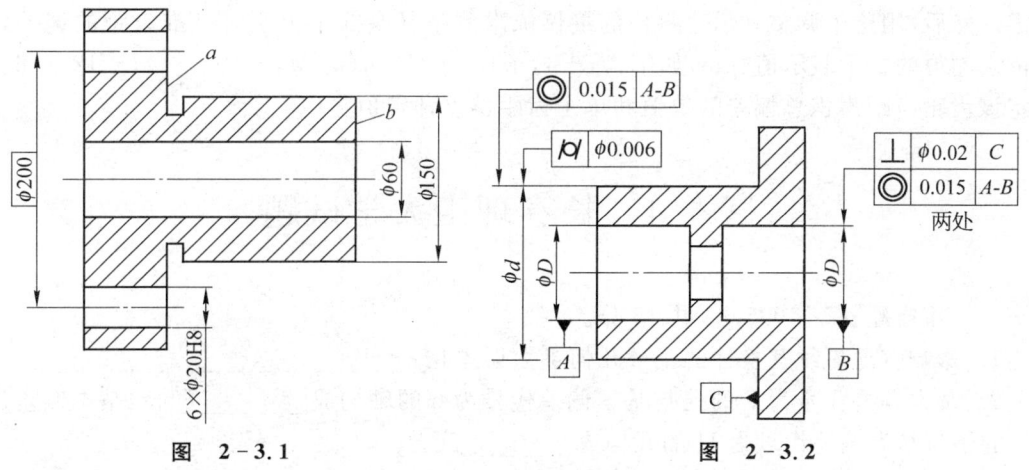

图 2-3.1   图 2-3.2

6. 试述代号"8×52f7×58a11×10d10 GB/T 1144—2001"的含义。(3分)
7. 试述圆柱齿轮非强制性检测精度指标齿轮径向跳动 ΔF_r 的含义,它用于评定齿轮哪项精度要求?(2分)

五、计算题:共 40 分。

1. 设有一孔、轴配合,公称尺寸为 40mm,要求配合的间隙为 +0.025～+0.066mm,试确定其配制制、孔和轴的标准公差等级和配合代号,并画出公差带示意图(相关数据见表 2-3.1 和表 2-3.2)。(8分)

表 2-3.1 标 准 公 差 (μm)

公称尺寸(mm)	IT3	IT4	IT5	IT6	IT7	IT8	IT9	IT10
>30~50	4	7	11	16	25	39	62	100

表 2-3.2 轴的基本偏差 (μm)

公称尺寸(mm)	d	e	f	g
>30~50	−80	−50	−25	−9

2. 已知基孔制配合 $\phi 60H7({}^{+0.030}_{0})/n6({}^{+0.039}_{+0.020})$,试确定 $\phi 60N7$ 的极限偏差的数值。(2分)

3. 图样上标注的孔尺寸为 $\phi 30^{+0.006}_{-0.015}$Ⓔ mm。按该图样加工一批孔后测得其中一个孔横截面形状正确,实际尺寸处处皆为 $\phi 29.99$mm,轴线的直线度误差为 $\phi 0.02$mm,试写出这孔的合格条件,并判断这孔是否合格。(3分)

4. 用两种测量方法分别测量 100mm 和 200mm 两段长度,前者和后者的绝对误差分别是 +6μm 和 −8μm,试确定两者的测量精度中何者较高。(3分)

5. 试计算 $\phi 15m6$Ⓔ 轴用工作量规的极限尺寸,并画出公差带示意图。已知 IT6 = 11μm,代号为 m 的基本偏差为 +7μm,量规公差 $T_1 = 1.6$μm,通规尺寸公差带中心至工件最大实体尺寸间的距离 $Z_1 = 2$μm。(9分)

6. 已知一个中径为 $22.051^{\ 0}_{-0.2}$mm,螺距基本值为 3mm 的外螺纹,其单一中径 d_{2s} = 21.95mm,螺距累积误差 $\Delta P_\Sigma = |-50|$μm,牙侧角误差中径当量 $f_a = 78.6$μm。问此外螺纹是否合格?(5分)

7. 用双测头式齿距比较仪按相对法测量某齿数为 10 的直齿圆柱齿轮的左齿面各齿距。测量时,首先任选一个齿距作为基准齿距,用量仪测量该齿距并调整量仪指示表的示值为零。然后,用这个调整好示值零位的量仪依次测量其余 9 个齿距对基准齿距的偏差。逐齿依次测得的指示表示值(μm)如下:0,+4,+16,+10,+6,-4,-10,-14,-12,-6。试确定该齿轮齿距累积总偏差的数值和单个齿距偏差评定值。(10 分)

试卷 4　长春理工大学试题

一、填空题:每空 0.5 分,共 15 分。

1. 影响普通螺纹互换性的主要几何参数误差是_____、_____、_____。

2. 基本偏差代号为 F 的孔与基本偏差代号为 h 的轴构成_____配合,基本偏差代号为 t 的轴与基本偏差代号为 H 的孔构成_____配合。

3. 圆锥角是指在通过圆锥轴线的截面内,_____的夹角。圆锥配合的形成可以分为下列两种形成方式:_____圆锥配合和_____圆锥配合。

4. 滚动轴承内圈与轴颈的配合应采用_____制,滚动轴承外圈与外壳孔的配合应采用_____制。

5. 孔或轴采用包容要求时,应遵守的边界为_____边界;最大实体要求应用于被测要素时,被测要素应遵守的边界为_____边界。

6. 普通平键和键槽的配合尺寸是它们的_____;键与键槽的配合采用_____制。

7. 按 JJG 146—2011 的规定,量块的检定精度分为五等。量块分"等"的主要依据是量块测量的_____的允许值、量块_____的允许值和量块测量面的平面度公差。

8. 齿轮径向跳动是由_____偏心引起的,是评定齿轮_____的指标。

9. 用径向跳动测量仪来测量齿轮径向跳动时,被测齿轮绕其_____间断地转动,并将测头相继放入每一个齿槽内,对所有的齿槽进行测量,由与测头连接的指示表读取示值。测得的所有示值中的_____与_____的差值,即为该齿轮的径向跳动的数值。

10. 按 GB/T 10095.2—2008 的规定,齿轮径向综合总偏差允许值的精度等级共分_____个级。

11. 普通螺纹的公差精度分为_____级、_____级、_____级,共三级。普通螺纹标记"M10—5g6g—L"中,L 表示_____,5g 表示_____。

12. 按 JJG 146—2011 的规定,量块的制造精度分为_____共五级。

13. 用立式光学比较仪测量圆柱工件的直径,用中心长度为 30mm 的量块调整量仪标尺示值零位,该标尺每格的分度值为 1μm。测量时指针指示在标尺的"-10 格"位置上,则该圆柱工件实际尺寸为_____mm。这种测量方法属于_____测量。

二、单项选择题:每小题 1 分,共 15 分。(从每个小题的四个备选答案中,选出一个正确答案,并将正确答案的号码写在题干后面的括号内。)

1. 对某几何量等精度测量 16 次,得到一测量列,单次测量值的标准偏差为 8μm,则该测量列的算术平均值的测量极限误差为(　　)。

　　① 24μm　　　　② 6μm　　　　③ ±24μm　　　　④ ±6μm

2. 某深沟球轴承工作时内圈转动,外圈固定,承受一个大小和方向均不变的径向负荷作用,因此,内圈相对于负荷方向的运转状态是(　　)。

① 摆动的内圈负荷　　　　　　　　② 旋转的内圈负荷
③ 固定的内圈负荷　　　　　　　　④ 内圈承受摆动负荷和旋转的内圈负荷

3. 普通内螺纹最大实体牙型的中径用来控制（　　）。
① 作用中径　　　② 单一中径　　　③ 螺距误差　　　④ 牙侧角偏差

4. GB/T 10095.1—2008 对圆柱齿轮的精度等级规定了（　　）。
① 1、2、3、…、10 共 10 级　　　　② 0、1、2、…、10 共 11 级
③ 1、2、3、…、12 共 12 级　　　　④ 0、1、2、…、12 共 13 级

5. 采用 GB/T 3478.5—2008 规定的内渐开线花键检测方法中的基本方法时，在图样上应标注的相应公差项目为（　　）。
① 实际齿槽宽的上极限值与下极限值
② 作用齿槽宽的上极限值与下极限值
③ 实际齿槽宽的上极限值与作用齿槽宽的下极限值
④ 实际齿槽宽的下极限值与作用齿槽宽的上极限值

6. 齿轮副的侧隙用于（　　）。
① 补偿热变形　　　　　　　　　　② 补偿制造误差和装配误差
③ 储存润滑油　　　　　　　　　　④ 补偿热变形和储存润滑油

7. 测量轴向圆跳动时，指示表测杆轴线相对于工件基准轴线的位置应（　　）。
① 垂直　　　　　　　　　　　　　② 平行
③ 倾斜某一角度且相交　　　　　　④ 无关

8. 在卧式测长仪上用三针法测量螺纹的单一中径时所采用的测量方法属于（　　）。
① 非接触测量　　② 相对测量　　　③ 间接测量　　　④ 直接测量

9. 用光滑极限量规检验遵守包容要求的轴时，检验结果能确定该轴（　　）。
① 实际尺寸的大小　　　　　　　　② 形状误差值
③ 实际尺寸的大小和形状误差值　　④ 合格与否

10. 给定平面内的直线度公差带的形状为（　　）。
① 两平行直线　　② 两平行平面　　③ 两等距曲线　　④ 圆柱

11. 按 GB/T 10610—2009 的规定，测量表面粗糙度轮廓幅度参数时标准评定长度为标准化的连续（　　）。
① 3 个取样长度　② 4 个取样长度　③ 5 个取样长度　④ 6 个取样长度

12. 设测得某实际被测中心平面到基准中心平面的最大偏移量为 $4\mu m$，最小偏移量为 $2\mu m$，则该实际被测中心平面相对于该基准中心平面的对称度误差值为（　　）。
① $2\mu m$　　　　② $4\mu m$　　　　③ $6\mu m$　　　　④ $8\mu m$

13. 某基轴制配合中轴的公差为 $18\mu m$，最大间隙为 $+10\mu m$，则该配合一定是（　　）。
① 间隙配合　　　② 过渡配合　　　③ 过盈配合　　　④ 无法确定

14. 按 GB/T 11334—2005 的规定，光滑圆锥的圆锥角公差等级分为（　　）。
① 1、2、…、12 共 12 级　　　　　② 1、2、…、10 共 10 级
③ $AT1、AT2、…、AT12$ 共 12 级　④ $AT1、AT2、…、AT10$ 共 10 级

15. 按 GB/T 307.1—2005 的规定，滚动轴承内圈基准孔公差带位于以基准孔公称直径为零线的（　　）。

① 下方,且基本偏差为零　　　　② 下方,且基本偏差为负值
③ 上方,且基本偏差为零　　　　④ 上方,且基本偏差为正值

三、标注题和改错题：共10分。

1. 试将下列几何公差、表面粗糙度轮廓要求标注在图2-4.1上。(6分)

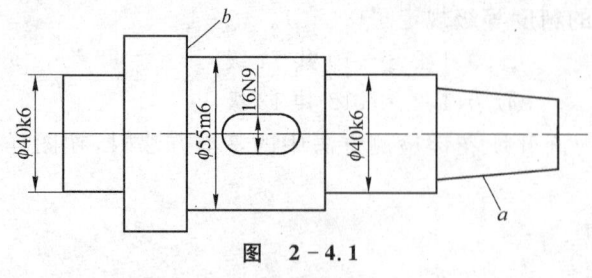

图 2-4.1

① 圆锥面 a 的素线直线度公差为 0.01mm；
② 圆锥面 a 的圆度公差为0.02mm；
③ 两个 φ40k6 圆柱面遵守包容要求；
④ 两个 φ40k6 圆柱面的轴线分别对它们的公共轴线的同轴度公差皆为0.025mm；
⑤ φ55m6 圆柱面对两个 φ40k6 圆柱面的公共轴线的径向圆跳动公差为 0.03mm；
⑥ 16N9 键槽两侧面的中心平面对 φ55m6 圆柱面轴线的对称度公差为 0.04mm；
⑦ 键槽两侧面的表面粗糙度轮廓幅度参数 Ra 的上限值为 3.2μm；
⑧ 端面 b 对 φ55m6 圆柱面轴线的轴向圆跳动公差值为 0.015mm。

2. 试改正图 2-4.2 所示图样上几何公差的标注错误(几何公差特征项目不允许改变)。(4分)

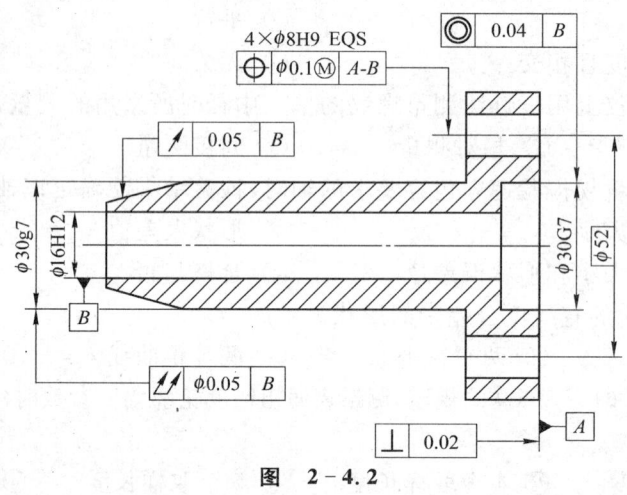

图 2-4.2

四、简答题：共20分。

1. 何谓泰勒原则(极限尺寸判断原则)？某孔的图样标注为 $\phi25^{+0.033}_{0}$ Ⓔ mm,按此图样加工一个孔,设该孔横截面形状正确,测得其实际尺寸为 φ25.01mm,轴线的直线度误差为 φ0.02mm,试按泰勒原则判断该孔合格与否。(5分)

2. 试述 GB/T 10095.1—2008 所规定圆柱齿轮的轮齿载荷分布均匀性的强制性检测精度指标的公差(允许值)的名称和符号。并叙述一个评定齿厚减薄量的指标的名称。(2分)

3. 解释图 2-4.3a 和 b 所示表面粗糙度轮廓代号的含义。(3分)

4. 试述定值系统误差的特征和消除方法。(4分)

图 2-4.3

5. 试述：①最小实体要求应用于被测要素；②最小实体要求应用于被测要素而标注零几何公差值；③可逆要求附加用于最小实体要求在图样上的标注方法。(3分)

6. 试述 GB/T 1144—2001 规定的矩形花键联结的定心方式，并比较按图样标注检测合格的实际内、外花键装配后定心表面的配合性质与配合代号表示的配合性质有何差异。(3分)

五、计算题：共40分。

1. 设 $\phi30N7$ 孔与 $\phi30m6$ 轴相配合。已知 N 和 m 的基本偏差分别为 $-7\mu m$ 和 $+8\mu m$，$IT7=21\mu m$，$IT6=13\mu m$，试判断该配合属于哪种性质的配合，并计算该配合的极限间隙（或过盈）和配合公差，画出孔、轴公差带示意图。(7分)

2. 已知配合 $\phi40H7(^{+0.025}_{0})/s6(^{+0.059}_{+0.043})$，试确定 $\phi40S7/h6$ 和 $\phi40JS7/h6$ 配合中孔和轴的极限偏差。(7分)

3. 用普通计量器具测量 $\phi90f7(^{-0.036}_{-0.071})$Ⓔ mm 轴。试按 GB/T 3177—2009 的规定，确定：①安全裕度和采用内缩方式时的验收极限；②所选用Ⅰ挡的计量器具测量不确定度允许值。(4分)

4. 加工图 2-4.4 所示的套筒时，外圆柱面尺寸按 $B_1=\phi70^{-0.04}_{-0.08}$ mm 加工，内孔尺寸按 $B_2=\phi60^{+0.06}_{0}$ mm 加工，并保证内孔轴线对外圆柱面轴线的同轴度公差 $\phi0.02$ mm。试计算该套筒壁厚尺寸 B_0 的变动范围。(7分)

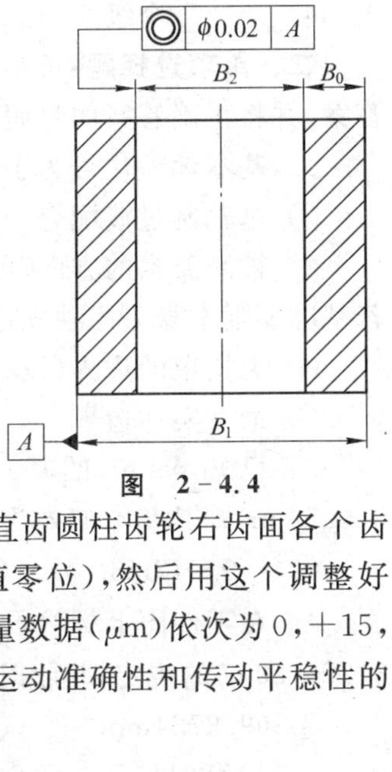

5. 用分度值为 0.02mm/m 的水平仪测量工作长度为 1400mm 的平面导轨的直线度误差，等距布置 8 个测点，所使用桥板的跨距为 200mm。该水平仪在 8 个测点上的示值依次为（格数）0，+2，+3，-2，-1，-2，+2，+1。试按两端点连线和最小条件评定该导轨的直线度误差值。(8分)

6. 用双测头式齿距比较仪按相对法测量一个齿数为 10 的直齿圆柱齿轮右齿面各个齿距。任选一个齿距作为基准齿距（这时调整好量仪指示表的示值零位），然后用这个调整好示值零位的量仪依次测量其余 9 个齿距对基准齿距的偏差。测量数据（μm）依次为 0，+15，+20，+25，+5，-5，-10，-10，+15，-5。试确定该齿轮传递运动准确性和传动平稳性的强制性检测精度指标的数值。(7分)

图 2-4.4

试卷5 西安理工大学试题

一、填空题：每空 0.5 分，共 15 分。

1. 互换性按互换程度可分为_____和_____两类。

2. 量块按"等"使用时应以经检定后所给出的_____的实测值作为工作尺寸，该尺寸排除了量块的_____误差的影响。

3. 孔、轴尺寸公差带的大小由_____决定，其位置由_____决定。

4. $\phi100H7(^{+0.035}_{0})$ 的最大实体尺寸为_____mm，$\phi50h6(^{0}_{-0.016})$ 的最大实体尺寸为_____mm。

5. 孔或轴采用包容要求时可以用孔或轴_____公差来控制_____误差。

6. 最大实体要求应用于被测要素并附加采用可逆要求时，在被测要素几何公差框格中的公差值后面标注双重符号＿＿＿＿，要求被测要素的实际轮廓不得超出＿＿＿＿边界，尺寸公差与几何公差的关系为＿＿＿＿。

7. GB/T 3505—2009 规定的表面粗糙度轮廓幅度参数中，常采用的两个参数的名称是＿＿＿＿和＿＿＿＿。按 GB/T 131—2006 的规定，表面粗糙度轮廓完整图形符号有三个，它们的图形分别是＿＿＿＿、＿＿＿＿、＿＿＿＿。

8. 根据滚动轴承的＿＿＿＿公差与＿＿＿＿精度，GB/T 307.3—2005 把向心轴承分为＿＿＿＿五级。其外圈与外壳孔配合应采用＿＿＿＿制，内圈与轴颈配合应采用＿＿＿＿制。若轴颈选用 m6 公差带，则内圈与轴颈的配合性质为＿＿＿＿配合。

9. 在圆锥配合中，内、外圆锥的直径偏差、圆锥角偏差和形状误差的综合结果会产生＿＿＿＿偏差，并使它们的配合表面＿＿＿＿。

10. 圆柱齿轮径向跳动主要是由＿＿＿＿偏心引起的，可作为评定齿轮＿＿＿＿的指标；按 GB/T 10095.2—2008 的规定，齿轮径向跳动允许值的精度等级分为＿＿＿＿级，共＿＿＿＿个级。

二、**单项选择题**：每小题1分，共15分。（从每个小题的四个备选答案中选出一个正确答案，并将正确答案的号码写在题干后面的括号内。）

1. 基本偏差代号为 J～N 的孔与基本偏差代号为 h 的轴配合形成（　　）。
① 基轴制过渡配合　② 基轴制过盈配合　③ 基轴制间隙配合　④ 基孔制过渡配合

2. 被测要素的方向、位置公差与对应基准要素的尺寸公差的关系采用最大实体要求，若基准要素本身采用独立原则，则它应遵守的边界为（　　）。
① 无拘束的边界（没有边界）　　　　② 最大实体实效边界
③ 最大实体边界　　　　　　　　　　④ 最小实体实效边界

3. 已知 $\phi50n6$ 的基本偏差为 $+0.017$mm，公差值为 0.016mm，$\phi50N7$ 的公差值为 0.025mm，则其基本偏差为（　　）。
① -0.017mm　② -0.009mm　③ -0.008mm　④ -0.002mm

4. 在零件图上标注孔的尺寸为 $\phi70JS8$Ⓔ mm，该孔的尺寸公差为 $46\mu m$。按 GB/T 3177—2009 的规定，验收时安全裕度为 $4.6\mu m$，则该孔的下验收极限为（　　）。
① 69.9724mm　② 69.9747mm　③ 69.9793mm　④ 69.9816mm

5. 与 $\phi80H7/m6$ 配合性质相同的配合代号是（　　）。
① $\phi80H7/m7$　② $\phi80M7/h6$　③ $\phi80H6/m6$　④ $\phi80M7/h7$

6. 已知某孔与轴配合的最大间隙为 $+23\mu m$，孔的上极限偏差为 $+25\mu m$，孔的公差为 $25\mu m$，轴的上极限偏差为 $+18\mu m$，则配合公差为（　　）。
① $48\mu m$　② $43\mu m$　③ $42\mu m$　④ $41\mu m$

7. 若某轴一横截面实际轮廓由直径分别为 $\phi30.06$mm 与 $\phi30.03$mm 的两同心圆包容而形成最小包容区域，则该轮廓的圆度误差值为（　　）。
① 0.06mm　② 0.03mm　③ 0.015mm　④ 0.01mm

8. 用千分表测得某导轨六个等分点相对于测量基准的示值分别为 0、$+1\mu m$、$+2\mu m$、$+1\mu m$、$-1\mu m$、0，则以两端点连线作为评定基准而评定该导轨直线度误差值为（　　）。
① $1.5\mu m$　② $2\mu m$　③ $2.5\mu m$　④ $3\mu m$

9. 用外径千分尺测量轴颈,其测量方法属于(　　)。
① 绝对测量法　　② 比较测量法　　③ 间接测量法　　④ 综合测量法

10. 在装配图上,ϕ45j6 轴颈与 0 级深沟球轴承内圈配合处标注的代号为(　　)。
① ϕ45H7/j6　　② ϕ45H6/j6　　③ ϕ45H5/j6　　④ ϕ45j6

11. 光滑极限量规设计应符合(　　)。
① 独立原则　　　　　　　　　　② 泰勒原则
③ 与理想要素比较原则　　　　　④ 偏差入体原则

12. 为了保证内、外矩形花键小径定心表面的配合性质,小径表面的形状公差与尺寸公差的关系采用(　　)。
① 最大实体要求　　② 最小实体要求　　③ 包容要求　　④ 独立原则

13. 按 GB/T 3177—2009 的规定,对于标准公差等级高的孔、轴尺寸,其验收极限方式应为(　　)。
① 对最大实体尺寸一边采用单向内缩方式　　② 双向内缩方式
③ 对最小实体尺寸一边采用单向内缩方式　　④ 不内缩方式

14. 齿轮齿距累积总偏差用来评定(　　)。
① 齿侧间隙　　　　　　　　　　② 轮齿载荷分布均匀性
③ 齿轮传递运动准确性　　　　　④ 齿轮传动平稳性

15. 按 GB/T 10095.1—2008 的规定,圆柱齿轮强制性检测精度指标的公差或极限偏差(允许值)的精度等级分为(　　)。
① 1、2、3、…、12 共 12 级　　　② 1、2、…、13 共 13 级
③ 0、1、2、…、12 共 13 级　　　④ 00、0、1、2、…、12 共 14 级

三、标注题和改错题:共 10 分。

1. 试将下列几何公差和表面粗糙度轮廓要求标注在图 2-5.1 上。(5 分)
① ϕ20f6 圆柱面采用包容要求;

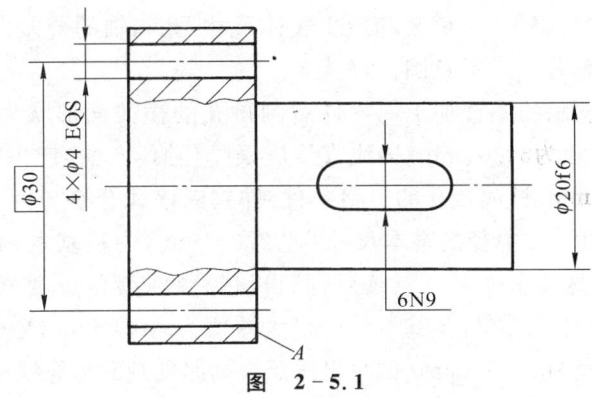

图 2-5.1

② ϕ20f6 圆柱面的轴线对右端面 A 的垂直度公差为 0.01mm;
③ 6N9 键槽中心平面相对于 ϕ20f6 圆柱面轴线的对称度公差为 0.01mm;
④ 4×ϕ4EQS 孔的轴线相对于右端面 A(第一基准)和 ϕ20f6 圆柱面轴线的位置度公差为 0.1mm;该孔轴线的位置度公差与其尺寸公差的关系采用最大实体要求;
⑤ ϕ20f6 圆柱面的表面粗糙度轮廓参数 Ra 的上限值为 3.2μm,下限值为 1.6μm,其余

各面的表面粗糙度轮廓参数 Rz 的最大值为 12.5μm。

2. 试改正图 2-5.2 中几何公差的标注错误（几何公差特征项目不允许改变，正确的几何公差标注不要修改）。（5分）

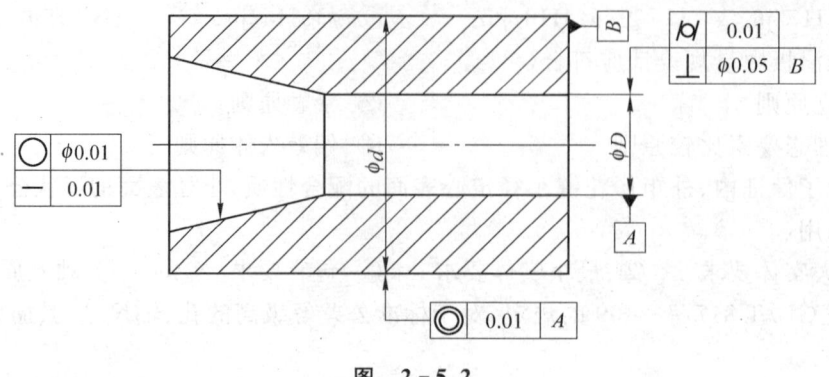

图 2-5.2

四、简答题：共 20 分。

1. 试述测量误差中系统误差的特性。（3分）
2. 孔、轴公差与配合的选择包括哪几方面的选择？（3分）
3. 试述矩形花键联结以小径定心的优点。（3分）
4. 试述齿距累积总偏差、齿廓总偏差和螺旋线总偏差的含义及允许值符号。（6分）
5. 试述采用公法线长度偏差来评定齿轮齿厚减薄量比采用齿厚偏差优越之处。（2分）
6. 为了保证齿轮传动的使用要求，对齿轮箱体上支承相互啮合齿轮的两对轴承孔的公共轴线相互位置应规定哪几项公差？试述它们的名称和符号。（3分）

五、计算题：共 40 分。

1. 已知基孔制配合 $\phi 40H7(^{+0.025}_{0})/n6(^{+0.033}_{+0.017})$，试确定配合性质相同的基轴制配合 $\phi 40N7/h6$ 中孔和轴的极限偏差、最大和最小实体尺寸、孔和轴的公差以及配合公差、极限间隙或过盈，并画出孔、轴公差带示意图。（8分）

2. 按图 2-5.3 所示的图样加工一零件后测得孔的横截面形状为椭圆形，其长轴尺寸为 32.035mm，短轴尺寸为 32.01mm，轴线直线度误差（轴线弯曲）产生在通过短轴的纵向截面内，误差值为 $\phi 0.03$mm，试述该孔的合格条件，并判断该孔合格与否。（10分）

3. 普通螺纹 M24—6f 中径的基本尺寸为 22.051mm，中径基本偏差为 −0.063mm，中径公差为 0.2mm。按这要求加工一螺纹后，测得该螺纹在旋合长度范围内，任意两同名牙侧与中径线交点间的轴向距离与其基本值的最大差值为 −0.05mm，牙侧角偏差的中径当量为 0.0434mm，单一中径为 21.80mm。试写出按照泰勒原则判断外螺纹中径的合格条件，判断该螺纹中径是否合格。（6分）

4. 图 2-5.4 所示轴及键槽的图样上，标注的尺寸为轴径 ϕd_2 和键槽深度 L_2。轴和键槽的加工顺序如下：①车外圆至尺寸 $d_1 = \phi 40.2^{\ 0}_{-0.064}$mm；②以外圆为基准按工序尺寸 L_1 铣键槽侧面和底面；③轴经热处理后，磨外圆至尺寸 $d_2 = \phi 40^{\ 0}_{-0.025}$mm，最后形成图样所要求的 $L_2 = 34.9^{\ 0}_{-0.2}$mm。试确定 L_1 的极限尺寸。（6分）

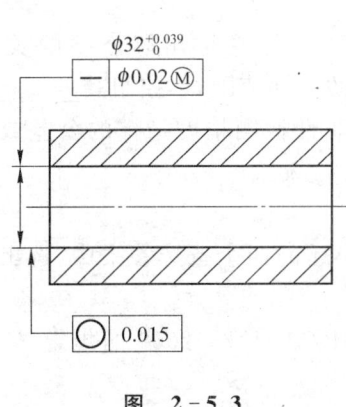

图 2-5.3

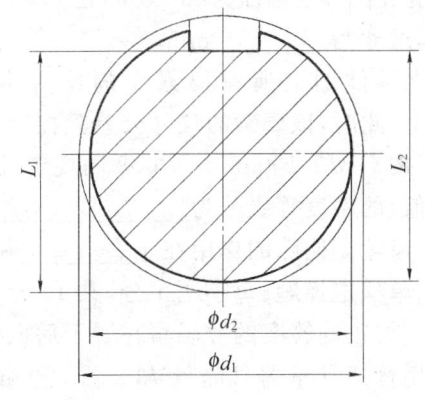

图 2-5.4

5. 对某轴颈等精度测量 9 次,测量列单次测量值的标准偏差为 $3\mu m$,测量列算术平均值为 50.002mm,试确定以该算术平均值表示的测量结果。(4 分)

6. 试确定检验 $\phi 50h6(_{-0.016}^{\ 0})$Ⓔ mm 轴用工作量规的通规和止规的极限尺寸。已知量规公差 $T_1=2.4\mu m$,通规公差带中心到工件最大实体尺寸之间的距离 $Z_1=2.8\mu m$。(6 分)

试卷 6 吉林大学试题

一、填空题: 每空 0.5 分,共 15 分。

1. 实现产品零件互换性的关键是_____,前提条件是_____。
2. 优先数系_____系列的公比是 1.6。这个系列中的优先数每增_____个数,数值增至 10 倍。
3. GB/T 3505—2009 规定的表面粗糙度轮廓幅度参数 Rz 的名称是_____。
4. 测量和评定表面粗糙度轮廓参数时,可以选取_____作为基准线。按 GB/T 10610—2009 的规定,标准评定长度为连续的_____个标准取样长度。
5. 若不考虑普通螺纹大径和小径的尺寸偏差,则影响螺纹旋合性和连接强度的螺纹主要几何参数误差或偏差是_____、_____和_____。螺纹量规的通规和止规分别用来检验螺纹的_____和_____。该通规应具有_____牙型,并且螺纹的长度应等于被检验螺纹的_____。
6. 按 GB/T 1095—2003 的规定,普通平键联结的三种配合为_____、_____和_____联结。
7. 在装配图上,滚动轴承内圈与轴颈的配合处需标注_____的公差带代号。若内圈相对于负荷方向旋转,则内圈与轴颈的配合应_____。由于轴承内圈孔径的公差带位于以公称内径为零线的_____,所以当轴颈选 k5 公差带时,内圈与轴颈的配合性质为_____。

8. 孔在图样上标注为 $\phi100JS7$，已知 $IT7=35\mu m$，则该孔的下极限偏差为_____mm，最小实体尺寸为_____mm。

9. 在零件图上所有要素中的绝大多数要素的尺寸公差与几何公差的关系遵守_____。此时，该要素的尺寸公差只控制其_____的变动范围，不控制其_____。

10. 按 GB/T 10095.1—2008 的规定，圆柱齿轮强制性检测精度指标的公差或极限偏差(允许值)的精度等级分为_____等_____级。

11. 齿轮副侧隙的作用在于_____和_____。

二、单项选择题：每小题1分，共15分。(从每个小题的四个备选答案中，选出一个正确答案，并将正确答案的号码写在题干后面的括号内。)

1. 用普通计量器具测量 $\phi35_{-0.112}^{-0.050}Ⓔ$ mm 轴。按 GB/T 3177—2009 的规定，安全裕度为 0.0062mm，轴的上验收极限为(   )。
① 34.95mm   ② 34.9562mm   ③ 34.9438mm   ④ 34.9464mm

2. 当公称尺寸一定时，零件图上反映孔或轴尺寸加工难易程度的是(   )。
① 公差   ② 上极限偏差   ③ 下极限偏差   ④ 误差

3. 齿轮公法线长度偏差可用来评定齿轮的(   )。
① 齿厚减薄量   ② 轮齿载荷分布均匀性
③ 传递运动的准确性   ④ 传动平稳性

4. 图 2-6.1 所示的标注表示被测要素采用的公差原则是(   )。
① 包容要求   ② 独立原则
③ 最大实体要求
④ 最大实体要求应用于被测要素而标注零几何公差值

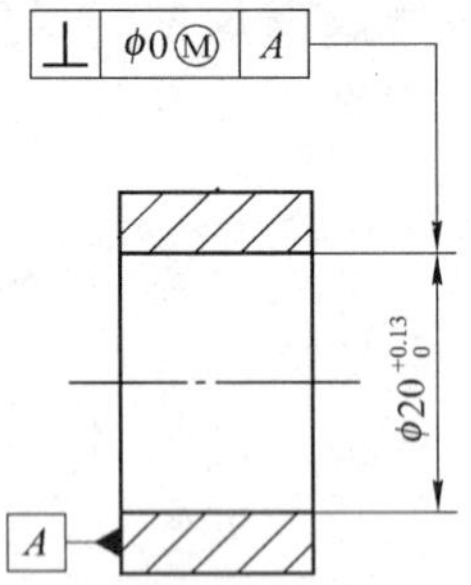

图 2-6.1

5. GB/T 10095.1—2008 规定的螺旋线总偏差用来评定齿轮的(   )。
① 齿厚减薄量   ② 轮齿载荷分布均匀性
③ 传递运动的准确性   ④ 传动平稳性

6. 图 2-6.2 所示的图样标注中，孔的最小实体实效尺寸为(   )。
① 19.8mm   ② 20.5mm
③ 20.8mm   ④ 19.5mm

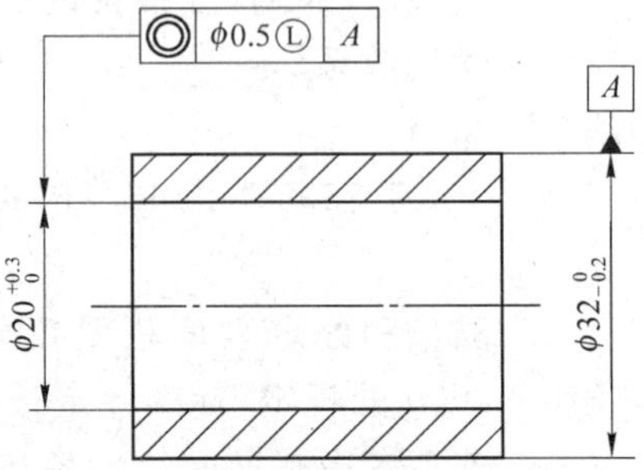

图 2-6.2

7. 在工具显微镜上用影像法测量外螺纹牙侧角的方法属于(   )。
① 相对测量法   ② 接触测量法
③ 间接测量法   ④ 非接触测量法

8. 按 GB/T 10095.2—2008 的规定，齿轮径向综合总偏差允许值的精度等级分为(   )。
① 9级   ② 10级   ③ 12级   ④ 13级

9. 参看图 2-6.3 所示的零件图样标注，设测得该零件孔心的 x 和 y 方向的坐标尺寸分别为50.03mm和40.04mm，则该孔的位置度误差值为(   )。
① $\phi0.01$mm   ② $\phi0.02$mm   ③ $\phi0.05$mm   ④ $\phi0.1$mm

10. 用水平仪测量直线度误差所采用的检测原则是（　　）。
① 测量坐标值原则　　　② 测量特征参数原则
③ 与理想要素相比较原则　　④ 测量跳动原则

11. 按同一图样加工一批孔，各个实际孔的体外作用尺寸（　　）。
① 相同　　　　　　　② 不一定相同
③ 大于最大实体尺寸　④ 不大于最大实体尺寸

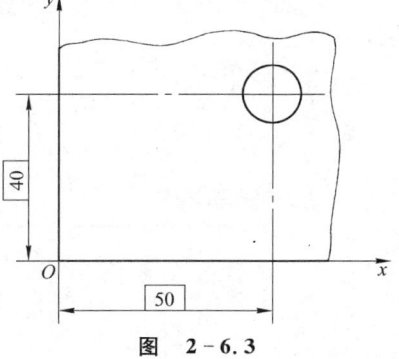

图 2-6.3

12. 某基轴制配合的最大间隙为 $+23\mu m$，孔的下极限偏差为 $-18\mu m$；轴的下极限偏差为 $-16\mu m$，轴基本偏差为零，则配合公差为（　　）。
① $32\mu m$　　② $39\mu m$　　③ $34\mu m$　　④ $41\mu m$

13. 按 GB/T 1800.2—2009 的规定，常用尺寸孔、轴的标准公差等级各分为（　　）。
① 1、2、…、20 共 20 级　　　　② 01、0、1、…、18 共 20 级
③ IT1、IT2、…、IT20 共 20 级　④ IT01、IT0、IT1、…、IT18 共 20 级

14. 普通平键联结在宽度上的配合采用（　　）。
① 基孔制
② 键与轴键槽的配合为基孔制而键与轮毂键槽的配合为基轴制
③ 基轴制
④ 键与轴键槽的配合为基轴制而键与轮毂键槽的配合为基孔制

15. 按 GB/T 157—2001《锥度和角度系列》的规定，锥度所用的符号为（　　）。
① D　　② C　　③ a　　④ L

三、标注题和改错题：共 10 分。

1. 试将下列几何公差要求用几何公差框格和符号标注在图 2-6.4 上。（6 分）
① 两个 ϕd 圆柱面和 ϕd_1 圆柱面皆采用包容要求；
② 两个 ϕd 圆柱面分别对曲轴两端中心孔的公共轴线的径向圆跳动公差为 0.03mm；
③ 宽度为 b 的键槽对 ϕd_1 圆柱面轴线的对称度公差为 0.02mm；
④ ϕD 圆柱面的圆度公差和素线直线度公差分别为 0.01mm 和 0.015mm；
⑤ ϕD 圆柱面轴线对两个 ϕd 圆柱面的公共轴线在任意方向上的平行度公差为 0.025mm。

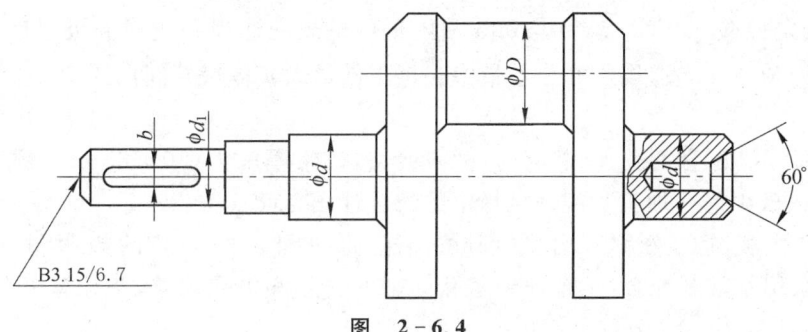

图 2-6.4

2. 试改正图2-6.5所示图样上几何公差的标注错误（几何公差特征项目不允许改变）。(4分)

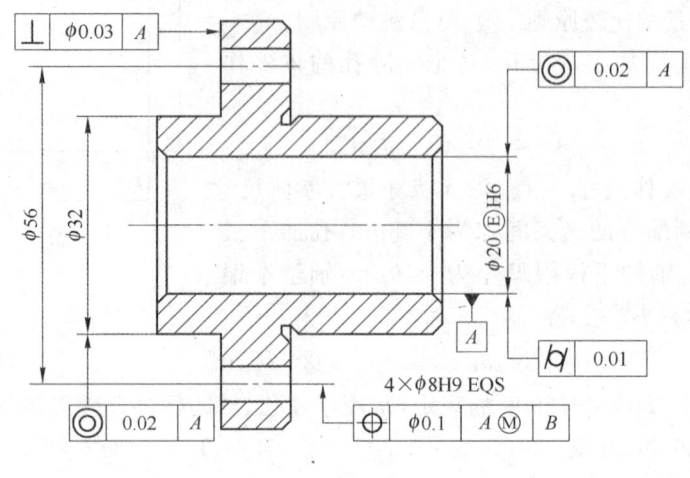

图 2-6.5

四、简答题：共20分。

1. 用内径百分表测量气缸孔径属于哪一种测量方法？如何进行测量？(3分)
2. 试述按GB/T 1800.2—2009的规定，常用尺寸孔、轴的基本偏差各分哪几种。(3分)
3. 按GB/T 1144—2001的规定，采用矩形花键联结的三个结合表面中哪个结合表面作为定心表面，为什么采用这个结合表面作为定心表面？(4分)
4. 不以齿顶圆柱面作为测量齿厚的基准时，盘形齿轮的齿轮坯公差有哪几项？试述它们的名称。（最好是画图标注来解题，3分）
5. 试述齿距累积总偏差和齿廓总偏差的含义及它们的允许值的符号。(4分)
6. 为了保证圆柱齿轮传动的使用要求，试述齿轮箱体上支承相互啮合齿轮的两对轴承孔的公共轴线间应规定的相互位置公差的名称。(3分)

五、计算题：共40分。

1. 对某轴径进行等精度测量9次，由所有测量值求出的单次测量值标准偏差为0.002mm。试写出测量列中的测量值28.256mm、28.254mm（最小测量值）、28.259mm（最大测量值）和测量列算术平均值28.257mm等表示的测量结果的表达式。(4分)
2. 试确定检验 $\phi 50f7\left(_{-0.050}^{-0.025}\right)$Ⓔ mm 轴用工作量规的通规和止规的极限尺寸。已知量规公差 $T_1=0.003$mm，通规尺寸公差带中心至工件最大实体尺寸间的距离 $Z_1=0.004$mm。(6分)
3. $\phi 50H8/f7$ 配合的孔、轴装配前，轴需镀铬，镀铬厚度为 $(10\pm 2)\mu m$。试确定轴在镀铬前应按什么极限尺寸加工才能满足指定的配合性质。(8分)
4. 已知孔和轴的公称尺寸为 $\phi 50$mm，它们的配合所要求的极限过盈为 $-16\sim -60\mu m$。设采用基轴制配合，试合理确定孔和轴的公差和极限偏差，并计算配合公差，画出孔、轴公差带示意图。(8分)

5. 用分度值为 0.02mm/m 的水平仪和跨距为 200mm 的桥板来测量工作长度为 1.2m 的机床导轨的直线度误差,等距布置 7 个测点。水平仪在各测点的示值(格数)分别为 0,+2,+2,0,-0.5,-0.5,+2,试按两端点连线法和最小条件分别评定该导轨的直线度误差值。(10 分)

6. 设计所要求 $\phi 500H8(^{+0.097}_{0})/f7(^{-0.063}_{-0.131})$ 配合的某孔加工后实际尺寸为 $\phi 500.12$mm,现拟按此实际孔配制一个轴,来满足指定的配合性质要求。试确定被配制轴的极限偏差。(4 分)

试卷 7 常州大学试题

一、填空题:每空 0.5 分,共 15 分。

1. 从零件的功能看,不必要求零件几何量制造得_____,只要求在某一规定范围内变动。该允许变动范围叫做_____。

2. 测量表面粗糙度轮廓时,应把测量限制在一段足够短的长度上,这段长度称为_____。

3. GB/T 3505—2009 规定的表面粗糙度轮廓参数中,常用的两个幅度参数的名称是_____,_____;常用的间距参数的名称是_____。

4. 测量方法按计量器具示值是否为被测几何量的量值分为_____测量和_____测量。

5. 量块按"级"使用时,以量块的标称长度作为_____,该尺寸包含了量块的_____误差。

6. 量仪标尺或分度盘上每一刻度间距所代表的量值叫做_____。

7. 在通过圆锥轴线的截面内,两条素线间的夹角叫做_____。

8. 实际尺寸与公称尺寸之差称为_____偏差,极限尺寸与公称尺寸之差称为_____偏差;用_____偏差控制_____偏差。

9. 按包容要求或最大实体要求用量规检验工件时,只能判断工件合格与否,而不能获得工件_____和_____的数值。

10. 基本偏差一定的轴的公差带,与不同基本偏差的孔的公差带形成各种配合的制度称为_____。GB/T 1800.2—2009 规定常用尺寸孔、轴的标准公差等级各为_____等 20 级。

11. 普通平键联结中,键与键槽的_____是配合尺寸。

12. 按 GB/T 1144—2001 的规定,矩形花键联结的定心方法采用_____定心;图样上标注的内、外矩形花键配合代号所表示的配合性质与按该图样检测合格的实际内、外矩形花键装配后的配合性质相比较,_____。

13. GB/T 307.1—2005 把滚动轴承中的向心轴承的公差等级分为_____五级,其中_____级的精度最高,_____级的精度最低。

14. 圆柱齿轮减速器中滚动轴承内圈与轴一起旋转,轴承外圈安装在外壳孔中不旋转,因此轴颈应选用基本偏差代号为_____的公差带,外壳孔应选用基本偏差代号为

_____的公差带。

15. 按 GB/T 10095.1—2008 的规定，圆柱齿轮强制性检测精度指标的公差（允许值）的精度等级分为_____等 13 级；按 GB/T 10095.2—2008 的规定，齿轮径向综合偏差允许值的精度等级分为_____等 9 级。

二、单项选择题：每小题 1 分，共 15 分。（从每个小题的四个备选答案中，选出一个正确答案，并将正确答案的号码写在题干后面的括号内。）

1. 表面粗糙度轮廓的基本图形符号 ✓ 用于（　　）。
① 需要去除材料的表面　　　　　② 不去除材料的表面
③ 用任何方法获得的表面　　　　④ 简化标注

2. 测量与被测几何量有一定函数关系的几何量，然后通过函数关系式运算，获得该被测几何量的量值的方法，称为（　　）。
① 相对测量法　　② 被动测量法　　③ 综合测量法　　④ 间接测量法

3. 孔的最小实体尺寸是其（　　）。
① 上极限尺寸　　② 下极限尺寸　　③ 公称尺寸　　④ 实际尺寸

4. 比较大小不相同的两个尺寸的标准公差等级高低的依据是它们的（　　）。
① 标准公差　　　　　　　　　　② 标准公差因子
③ 标准公差等级系数　　　　　　④ 基本偏差

5. 公称尺寸相同，相互结合的孔、轴公差带之间的关系叫做（　　）。
① 间隙　　② 过盈　　③ 联结　　④ 配合

6. 要求相互配合的孔与轴有相对运动，设计时它们的配合必须选用（　　）。
① 间隙配合　　② 过渡配合　　③ 过盈配合　　④ 实效配合

7. 间隙或过盈的允许变动量叫做（　　）。
① 尺寸公差　　② 相关公差　　③ 标准公差　　④ 配合公差

8. $\phi40F7$ 和 $\phi40F8$ 两个公差带的（　　）。
① 上偏差相同而下偏差不相同　　② 上、下偏差各不相同
③ 下偏差相同而上偏差不相同　　④ 上偏差相同且下偏差相同

9. 母线通过螺纹牙型上沟槽宽度等于螺距基本值的一半的假想圆柱的直径称为（　　）。
① 中径　　　　　　　　　　　② 单一中径
③ 作用中径　　　　　　　　　④ 最大实体牙型中径

10. 某向心轴承工作时承受一个大小和方向均不变的径向负荷 F_r 和一个旋转的径向负荷 F_c，$F_r > F_c$，内圈旋转而外圈固定，则该内圈相对于作用其上的合成负荷的运转状态是（　　）。
① 摆动的内圈负荷　　　　　　② 固定的内圈负荷
③ 旋转的内圈负荷　　　　　　④ 不变的内圈负荷

11. 按 GB/T 307.1—2005 的规定，滚动轴承内圈基准孔的公差带相对于以公称内径为零线的配置是（　　）。
① 位于零线之上，基本偏差为零　　② 相对于零线对称分布

③ 位于零线之下,基本偏差为零   ④ 位于零线之下,基本偏差为负值

12. 几何公差带的形状决定于( )。
① 几何公差特征项目
② 几何公差的标注形式
③ 被测要素的理想形状
④ 被测要素的理想形状、几何公差特征项目和标注形式

13. 按 GB/T 1804—2000 的规定,未注公差线性尺寸的一般公差的公差等级分为( )。
① H、K、L 三级   ② F、M、C、V 四级
③ f、m、c、v 四级   ④ 15、16、17、18 四级

14. 齿轮副需要的最小侧隙与齿轮精度等级的关系是( )。
① 随精度等级的增高而增大
② 随精度等级的增高而减小
③ 与精度等级有关
④ 与精度等级无关

15. 普通外螺纹中径公差等级分为( )。
① 4、5、6、7、8 五级   ② 4、5、6、7、8、9 六级
③ 3、4、5、6、7、8、9 七级   ④ 3、4、5、6、7、8 六级

三、标注题和改错题:共 10 分。

1. 试将下列几何公差要求用几何公差框格和符号标注在图 2-7.1 上。(4分)

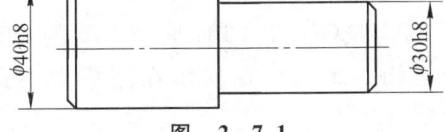

图 2-7.1

① ϕ40h8 圆柱面遵守包容要求;
② ϕ30h8 圆柱面轴线相对于 ϕ40h8 圆柱面轴线的同轴度公差为 0.03mm;
③ ϕ30h8 圆柱面的素线直线度公差为 0.02mm;
④ ϕ30h8 圆柱面的圆度公差为 0.01mm。

2. 试将下列几何公差要求用几何公差框格和符号标注在图 2-7.2 上。(2分)
① ϕD 孔轴线相对于两个宽度为 b 的槽的公共基准中心平面的对称度公差为 0.03mm;
② 两个宽度为 b 的槽的中心平面分别相对于它们的公共基准中心平面的对称度公差为 0.02mm。

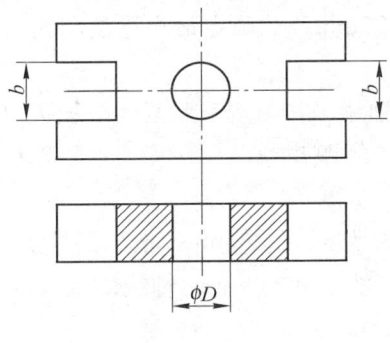

图 2-7.2

3. 试改正图 2-7.3 所示图样上几何公差的标注错误（几何公差特征项目不允许改变）。（4分）

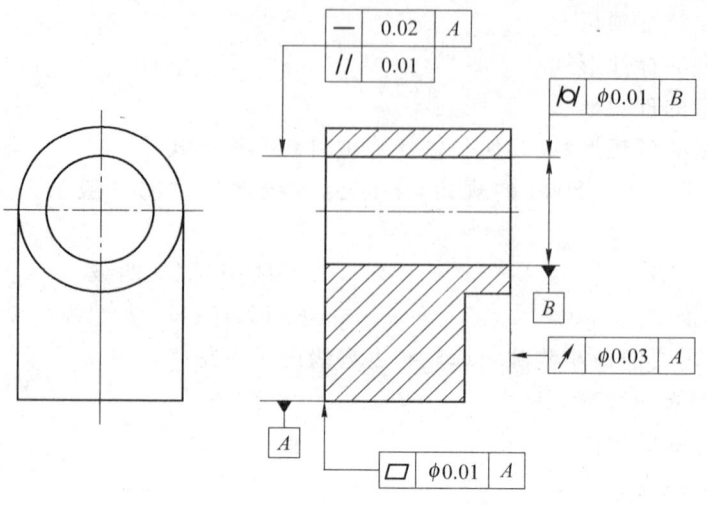

图 2-7.3

四、简答题：共20分。

1. 试述基孔制和基轴制、基本偏差和标准公差等级对孔、轴制造成本和配合性能的影响。（6分）

2. 按GB/T 16671—2009的规定，试举例说明最大实体要求应用于被测要素和同时附加采用可逆要求在图样上的标注方法，并说明两者在性质上的差异之处。（4分）

3. 试举例说明在装配图上如何标注矩形花键配合代号。（2分）

4. 按 GB/T 10095.2—2008 的规定，试述齿轮径向跳动允许值的精度等级分哪几级。（2分）

5. 试述齿轮的单个齿距偏差和齿距累积总偏差的含义。（3分）

6. 试述应对齿轮箱体上支承相互啮合齿轮的两对轴承孔的公共轴线相互位置规定的极限偏差和公差项目的名称。（3分）

五、计算题：共40分。

1. 设公称尺寸为 50mm 的孔与轴配合采用基孔制配合，配合公差为 0.041mm，最大过盈为 −0.05mm，孔公差为 0.025mm。试确定最小过盈和孔、轴极限偏差，并画出孔、轴公差带示意图。（7分）

2. 设计 $\phi 30^{+0.021}_{+0.008}$Ⓔmm 轴用工作量规。量规尺寸公差 $T_1=2\mu m$，通规尺寸公差带的中心到工件最大实体尺寸之间的距离 $Z_1=2.4\mu m$。试确定通规和止规的极限尺寸。（5分）

3. 图样上标注轴的尺寸为 $\phi 30^{+0.021}_{+0.008}$Ⓔmm。按该图样加工一批轴后测得其中一个轴横截面形状正确，实际尺寸处处皆为 $\phi 30.009$mm，轴线的直线度误差为 $\phi 0.01$mm，试写出该轴的合格条件，并判断该轴是否合格。（3分）

4. 参看图 2-7.4a，在平板上以平板工作面作为测量基准，用指示表测量一个工件的平面度误差。在被测表面上等距均布9个测点,测得各测点相对于平板工作面的高度差(μm)见图2-7.4b。试按对角线平面法评定实际被测表面的平面度误差。(5分)

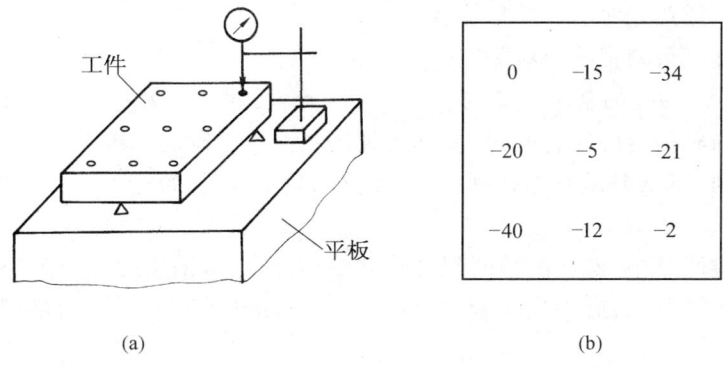

图 2-7.4

5. M20—6h 螺纹中径的基本尺寸 d_2 为 18.376mm,中径公差 T_{d_2} 为 0.17mm。按该技术要求加工一个螺纹,测得其单一中径 d_{2S} 为 18.288mm,螺距累积误差和牙侧角偏差的中径当量分别为 0.032mm 和 0.036mm。试按照泰勒原则判断该螺纹中径合格与否。(4分)

6. 已知配合 $\phi 30H7(^{+0.021}_{0})/n6(^{+0.028}_{+0.015})$,试确定 $\phi 30N7/h6$ 的孔、轴极限偏差。(5分)

7. 用双测头式齿距比较仪按相对法测量一个齿数为8的直齿圆柱齿轮左齿面各齿距。以某一个齿距作为基准齿距(指示表示值为零),然后用这个调整好示值零位的量仪依次测量其余7个齿距相对于基准齿距的偏差。测量数据(μm)依次为:0,+15,+25,+5,-10,-5,+15,-5。试确定该齿轮齿距累积总偏差的数值和单个齿距偏差的评定值。(5分)

8. 参看图2-7.5,零件1图样上标注 $\phi 20H8(^{+0.033}_{0})$ 孔的轴线至基准平面 A 的距离为 (50 ± 0.015)mm,零件2图样上标注 $\phi 20d8(^{-0.065}_{-0.098})$ 销轴的轴线至基准平面 A 的距离为 (50 ± 0.015)mm。试计算当零件1和零件2的基准平面 A 接触时孔与销轴左侧或右侧的间隙的变动范围。(6分)

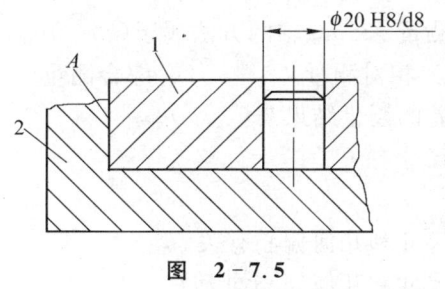

图 2-7.5

试卷8 安徽农业大学试题

一、填空题:每空0.5分,共15分。

1. 为了满足装配精度的要求,必要时可以采用不完全互换性或修配,以获得最佳的技术经济效益，不完全互换性可以用_____或_____来实现。

2. 直线度公差中，给定平面内的公差带形状为_____，给定方向的公差带形状为_____，任意方向的公差带形状为_____。

3. 点的同心度公差带的形状为_____。

4. $\phi 40K7(^{+0.007}_{-0.018})$孔的基本偏差为_____mm；尺寸公差为_____mm。

5. 选择孔与轴配合的配合制时，应优先选用_____制。原因是_____。

6. 派生系列 R5/2 是从基本系列_____中，自 1 以后，每逢_____项取一个优先数组成的。

7. 普通平键联结中，键与键槽的配合尺寸为_____，采用的配合制为基_____制。

8. $\phi 100H7(^{+0.035}_{0})$的最小实体尺寸为_____mm，$\phi 50h6(^{0}_{-0.016})$的最小实体尺寸为_____mm。

9. 测量或评定表面粗糙度轮廓幅度参数时，规定取样长度的目的在于_____截面轮廓的其他几何形状误差，尤其是_____对测量结果的影响。

10. 用量规检验工件时，只能判断工件合格与否，而不能获得工件_____和_____。

11. 用普通器具测量 $\phi 60^{-0.03}_{-0.06}$mm 轴，按双向内缩方式验收，若安全裕度为 0.003mm，则该轴的上验收极限为_____mm，下验收极限为_____mm。

12. 圆锥公差标注方法中公差锥度法是指同时给出_____和_____，并标注圆锥长度，它们各自独立，分别满足各自的要求。

13. 公称尺寸为 $\phi 30$mm 的孔的下极限尺寸为 29.959mm，尺寸公差为 0.021mm，则其上极限偏差为_____mm，下极限偏差为_____mm。

14. 齿轮径向综合总偏差是评定齿轮_____的精度指标，它可以代替_____这个非强制性检测精度指标；按 GB/T 10095.2—2008 的规定，齿轮径向综合总偏差允许值的精度等级分为_____级，共_____级。

二、单向选择题：每小题 1 分，共 15 分。（从每个小题的四个备选答案中，选出一个正确答案，并将正确答案的号码写在题干后面的括号内。）

1. 用立式光学比较仪测量 $\phi 25m6$ 轴的方法属于（　　）。
    ① 绝对测量　　　② 相对测量　　　③ 综合测量　　　④ 主动测量

2. 齿轮公法线长度偏差的测量结果与（　　）。
    ① 齿顶圆直径的实际尺寸有关
    ② 几何偏心有关
    ③ 齿顶圆直径的实际尺寸和几何偏心有关
    ④ 齿顶圆直径的实际尺寸和几何偏心均无关

3. 按 GB/T 1144—2001 的规定，矩形花键联结的定心方式采用（　　）。
    ① 大径定心　　　　　　　　② 键宽（键槽宽）定心
    ③ 小径定心　　　　　　　　④ 小径和键宽（键槽宽）定心

4. 测量两个直径分别为 200mm 和 100mm 的孔，大孔的测量绝对误差为＋0.02mm，小孔的测量绝对误差为－0.01mm，两个孔的测量精度相比较，（　　）。
    ① 大孔较高　　　② 小孔较高　　　③ 两者相同　　　④ 无从比较

5. φ20e6 和 φ20e7 两个公差带的（　　）。
   ① 上偏差相同且下偏差相同
   ② 上偏差相同而下偏差不相同
   ③ 上偏差不相同而下偏差相同
   ④ 上、下偏差各不相同

6. 几何公差带的形状决定于（　　）。
   ① 几何公差特征项目
   ② 几何公差标注形式
   ③ 被测要素的理想形状
   ④ 被测要素的理想形状、几何公差特征项目和标注形式

7. 公称尺寸为 φ30mm 的孔与轴配合的最大过盈为 －0.035mm；最小过盈为 －0.001mm，则配合公差为（　　）。
   ① －0.034　　② ＋0.036　　③ －0.036　　④ 0.034

8. 设某轴一横截面实际轮廓由两个直径分别为 φ20.05mm 与 φ20.03mm 的同心圆包容而形成最小包容区域；则该轮廓的圆度误差值为（　　）。
   ① 0.02mm　　② 0.01mm　　③ 0.015mm　　④ 0.005mm

9. 与 φ50G7 公差带的大小相同的尺寸公差带是（　　）。
   ① φ50g6　　② φ50h7　　③ φ50f8　　④ φ50H6

10. 某阶梯轴上的实际被测轴线各点距基准轴线的距离最近为 $2\mu m$，最远为 $4\mu m$，则同轴度误差值为（　　）。
    ① $\phi 2\mu m$　　② $\phi 4\mu m$　　③ $\phi 6\mu m$　　④ $\phi 8\mu m$

11. 滚动轴承内径公差带的特点是它位于以内径公称直径为零线的（　　）。
    ① 上方且基本偏差为零
    ② 上方且基本偏差为正值
    ③ 下方且基本偏差为零
    ④ 下方且基本偏差为负值

12. 图样上标注内、外螺纹的标记为 M20×2—5H6H/5g6g，则外螺纹中径公差带代号为（　　）。
    ① 5H　　② 6H　　③ 5g　　④ 6g

13. 内、外矩形花键的大径配合选用（　　）。
    ① 间隙配合　　② 过渡配合　　③ 过盈配合　　④ 过渡或过盈配合

14. 内径公称直径为 φ40mm 的向心球轴承内圈与 φ40k6 轴颈配合，则它们构成的配合性质为（　　）。
    ① 间隙配合　　② 过渡配合　　③ 过盈配合　　④ 过渡或过盈配合

15. 齿轮齿厚上偏差用于（　　）。
    ① 补偿齿轮的制造误差
    ② 补偿齿轮箱体的制造误差
    ③ 形成齿轮副侧隙
    ④ 补偿齿轮和箱体制造误差后形成侧隙

三、标注题和改错题：共 10 分。

1. 试将下列几何公差和表面粗糙度轮廓要求标注在图 2－8.1 上。（3 分）
   ① ϕd_2 圆柱面轴线相对于两个 ϕd_1 圆柱面的公共基准轴线的同轴度公差为 0.03mm；
   ② 两个 ϕd_1 圆柱面皆采用包容要求；
   ③ 两个 ϕd_1 圆柱面的圆柱度公差为 0.01mm，表面粗糙度轮廓参数 Ra 的上限值为 $3.2\mu m$；
   ④ 轴肩 I 的表面粗糙度轮廓参数 Rz 的最大值为 $10\mu m$，其余表面的表面粗糙度轮廓

参数 Ra 的上限值为 $12.5\mu m$。

2. 试将下列几何公差要求标注在图 2-8.2 所示的箱体图上,必要时可增画局部视图。(4 分)。

① 两个 ϕD_2 孔的圆度公差皆为 $0.01mm$；

② 两个 ϕD_2 孔的轴线分别对它们的公共基准轴线的同轴度公差皆为最大实体要求应用于被测要素而标注零几何公差值；

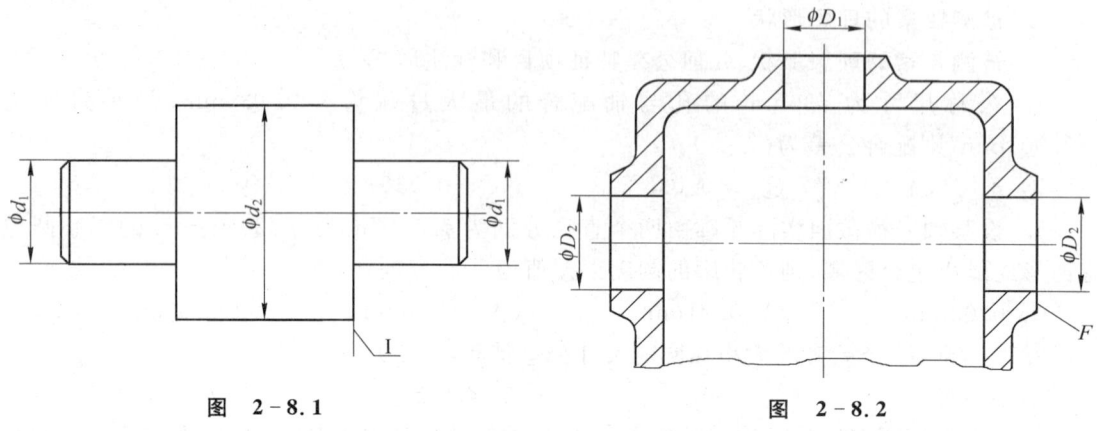

图 2-8.1　　　　　　　　　　图 2-8.2

③ ϕD_1 孔的轴线相对于两个 ϕD_2 孔公共基准轴线的垂直度公差和对称度公差分别为 $0.015mm$ 和 $0.02mm$；

④ 右端面 F 的平面度公差为 $0.04mm$,右端面 F 对右侧 ϕD_2 孔基准轴线的垂直度公差为 $0.08mm$。

3. 试改正图 2-8.3 所示的图样上几何公差的标注错误(几何公差特征项目不允许改变)。(3 分)

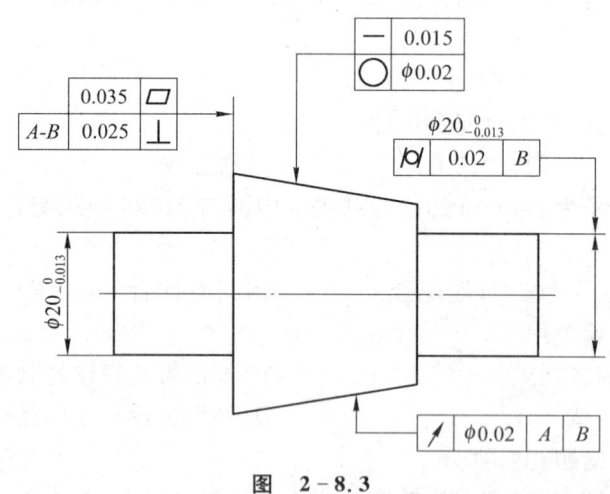

图 2-8.3

四、简答题:共 20 分。

1. 试述孔、轴三大类配合的名称以及相应孔和轴公差带的相对位置各有何特点。(3 分)

2. 试述按 JJG 146—2011 的规定,量块的制造精度分哪几级？量块的检定精度分哪几

等?(3分)

3. 某滚动轴承工作时外圈转动,内圈不转动,它承受一个方向和大小均不变的径向负荷,试述它的内、外圈相对于负荷的运转状态。(3分)

4. 不以齿顶圆柱面作为测量齿厚的基准时,齿轮轴的齿轮坯公差应规定哪几项?试述它们的名称(采用图样标注的形式来答题)。(3分)

5. 按 GB/T 10095.1—2008 的规定,圆柱齿轮强制性检测精度指标的公差或极限偏差(允许值)的精度等级分为哪几级,共几个级?(2分)

6. 试述圆柱齿轮单一齿距偏差、齿距累积总偏差、齿廓总偏差和螺旋线总偏差的含义,它们分别用来评定齿轮的哪项精度?(6分)

五、计算题:共40分。

1. 已知孔与轴配合的公称尺寸为 ϕ50mm,允许的极限过盈为 $-16\sim-60\mu m$。采用基轴制,孔的尺寸公差取为 0.025mm。试确定轴公差和孔、轴极限偏差,并计算配合公差,画出孔、轴公差带示意图。(9分)

2. 在同一测量条件下,对某轴颈等精度测量 4 次,测量值分别为:24.981mm、24.982mm、24.983mm、24.982mm。设测量列中不存在定值系统误差,试确定以测量列算术平均值表示的测量结果。(4分)

3. 参看图 2-8.4 所示的图样标注,试计算 $\phi 50^{+0.13}_{\ 0}$mm 孔的最大实体尺寸、最小实体尺寸和最大实体实效尺寸。按该图样加工一个孔后测得其横截面形状正确,实际尺寸处处皆为 50.10mm,孔的轴线对基准端面 A 的垂直度误差为 ϕ0.04mm,试述此孔的合格条件,并判定此孔合格与否。(5分)

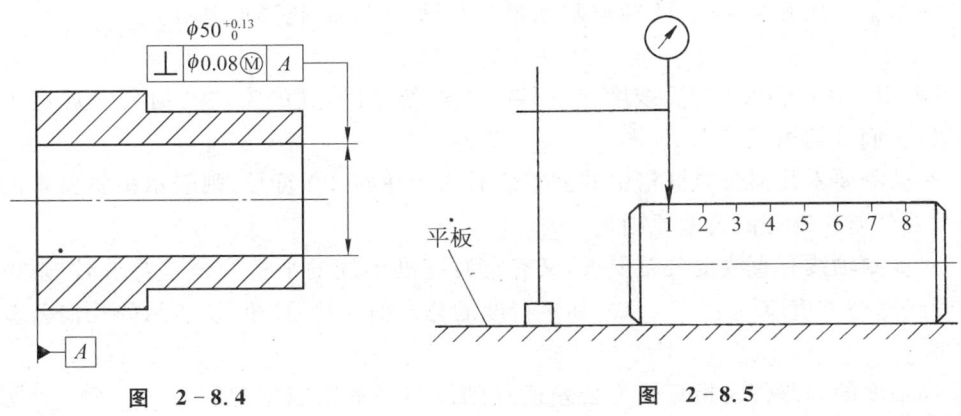

图 2-8.4   图 2-8.5

4. 参看图 2-8.5,用平板和指示表测量销轴圆柱面的素线直线度误差。在被测素线全长范围内均布 8 个测点,指示表在各测点测得的示值(μm)依次为 +2,+3,0,-1,-6,-2,+10,+4。试按两端点连线和最小包容区域分别评定被测素线的直线度误差值。(6分)

5. 图 2-8.6 所示的轴及其键槽的尺寸中,A_3 为图样标注的轴径,A_4 为图样标注的键槽深度,A_1 和 A_2 皆为工序尺寸。加工顺序如下:先车外圆至尺寸 $A_1=\phi 60.5^{\ 0}_{-0.1}$mm;再铣键槽槽深至尺寸 A_2;经热处理后,磨外圆至尺寸 $A_3=\phi 60^{\ 0}_{-0.03}$mm,并自然形成键槽深度尺寸 $A_4=56^{\ 0}_{-0.2}$mm。试按完全互换法确定键槽工序尺寸 A_2 的极限尺寸。(6分)

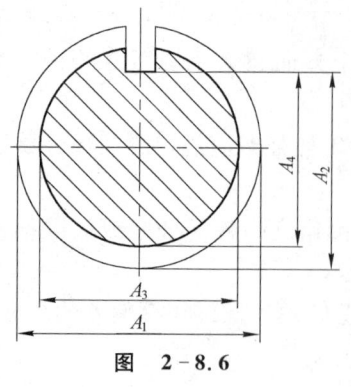

图 2-8.6

6. M20—6h 螺纹中径基本尺寸 $d_2=18.376\text{mm}$，中径公差 $T_{d_2}=0.170\text{mm}$。按该要求加工一螺纹，测得其单一中径 $d_{2s}=18.288\text{mm}$，螺距误差和牙侧角偏差的中径当量分别为 0.032mm 和 0.036mm，试按泰勒原则判断中径的合格条件，计算其作用中径，并判断其中径合格与否。(5 分)

7. 试计算并确定检验 $\phi25^{-0.037}_{-0.050}$ⒺE mm 孔用工作量规的通规和止规的极限尺寸，已知量规尺寸公差为 $2\mu\text{m}$，通规尺寸公差带中心至工件最大实体尺寸之间的距离为 $2.4\mu\text{m}$。(5 分)

试卷 9 大连海洋大学试题

一、填空题：每空 0.5 分，共 15 分。

1. 优先系数 R5 系列中 1～10 之间的 6 个项值(常用值)分别为 1、_____、2.5、4.0、6.3、10。优先系数 R10 的公比为_____。

2. 设测量列中某单次测量值的测量结果表示为 $20.033\pm0.012\text{mm}$，则该测量列单次测量值的标准偏差 σ 的数值为_____mm。

3. 已知公称尺寸为 $\phi100\text{mm}$ 的轴的下极限尺寸为 $\phi99.990\text{mm}$，公差为 0.035mm，则它的上极限偏差为_____mm。

4. 基本偏差代号为 a～h 的轴与基本偏差代号为 H 的孔形成基孔制_____配合。

5. GB/T 1184—1996 对直线度、平面度、垂直度、对称度的未注几何公差规定了三个公差等级，它们分别用符号 H、K 和_____表示。

6. 在被测要素几何公差框格中的公差值后面标注Ⓜ Ⓡ 符号，则表示被测要素的几何公差与尺寸公差应遵守的公差原则是_____。

7. 对被测轴线有直线度公差要求，又有它对基准轴线的平行度公差要求时，则该被测轴线的直线度公差值应_____其平行度的公差值。符号"⌖"所表示的几何公差项目的名称是_____。

8. 同轴度的公差带是指直径为公差值且轴线与基准轴线重合的_____所限定的区域。若同轴度公差值为 $\phi0.010\text{mm}$，则实际轴线对基准轴线允许的最大偏移量为_____mm。

9. 工件某需要加工表面的表面粗糙度轮廓幅度参数 Ra 的上限值为 $6.3\mu\text{m}$(其余技术要求皆采用默认)，按 GB/T 131—2006 的规定，在图样上将其标注为_____。按 GB/T 3505—2009 的规定，表面粗糙度轮廓幅度参数 Rz 的中文名称是_____。

10. 表面粗糙度轮廓评定参数有幅度参数、间距参数等。轮廓的单元的平均宽度是指在_____范围内所有的轮廓单元的宽度的平均值，用符号_____表示。

11. GB/T 307.3—2005 规定向心轴承的公差等级分为_____五级。其中_____级的精度最低，是普通级，在机器制造业中应用最广。

12. 滚动轴承内圈与轴颈的配合采用基孔制、外圈与外壳孔的配合采用基轴制配合,滚动轴承内圈内径公差带位于以内径公称尺寸为零线之_____。

13. 设 $\phi 50f8(^{-0.025}_{-0.064})$ⒺƐ轴的验收极限按内缩方式确定,则该轴的公差值为_____ mm,安全裕度 $A=3.9\mu m$,则该轴的上验收极限为_____ mm。

14. 圆锥公差给定方法有面轮廓度法、公差锥度法和_____法。

15. 按泰勒原则判断普通外螺纹中径的合格条件是作用中径不大于中径上极限尺寸,且_____不小于中径下极限尺寸。

16. 标记为 M120×1—5h6h 的普通螺纹,其顶径公差带为_____。

17. 圆柱齿轮轮齿螺旋线总偏差 ΔF_β 是指在齿宽计值范围内,最小限度地包容实际螺旋线迹线的两条设计_____间的距离。齿轮副的侧隙主要作用是储存润滑油和补偿_____。

18. 圆柱齿轮的使用要求分为4个方面:传递运动的准确性、传动平稳性、载荷分布的均匀性、适当的齿侧间隙。齿轮齿距累积总偏差用来评定上述使用要求中的_____。轮齿距累积总偏差的代号为_____。

19. GB/T 1144—2001 规定矩形花键联结的定心方式采用_____定心、GB/T 3478.1—2008 规定圆柱直齿渐开线花键联结的定心方式采用_____定心。

20. 按 GB/T 1144—2001 确定矩形花键的配合为 $6\times 23\frac{H7}{f6}\times 26\frac{H10}{a11}\times 6\frac{H11}{d10}$,则外花键在零件图上标注的尺寸公差带为_____。

二、**单项选择题**:每小题1分,共15分。(从每个小题的四个备选答案中,选出一个正确答案,并将正确答案的号码写在题干后面的括号内。)

1. 对某轴颈的尺寸用立式光学比较仪(立式光学计)进行比较测量。已知调整仪器示值零位所用的量块的标称长度为30mm,而经检定后它的实际尺寸为29.998mm,则轴颈的测量精度受到量块尺寸偏差的影响。此量块误差为(　　)。
   ① 系统误差　　② 随机误差　　③ 粗大误差　　④ 测量误差

2. 在一定的测量条件下,对同一被测几何量的量值连续多次重复测量时,所得的测得值之间相互接近的程度,称为(　　)。
   ① 准确度　　② 正确度　　③ 精确度　　④ 精密度

3. $\phi 50JS8$ 孔的公差为 0.039mm,它的上极限偏差的数值为(　　)。
   ① 0　　② 0.039mm　　③ 0.019mm　　④ 0.0195mm

4. 基本偏差代号为 f 的轴与基本偏差代号为 H 的孔形成(　　)。
   ① 基孔制的过盈配合　　　　② 基孔制的过渡配合
   ③ 基孔制的间隙配合　　　　④ 基轴制的间隙配合

5. 某配合的最大间隙为 $+30\mu m$,孔的下极限偏差为 $-11\mu m$,轴的下极限偏差为 $-16\mu m$,轴的公差为 $16\mu m$,则配合公差为(　　)。
   ① $54\mu m$　　② $47\mu m$　　③ $46\mu m$　　④ $41\mu m$

6. $\phi 50G6$ 与 $\phi 50G7$ 两种公差带的(　　)。
   ① 上极限偏差相同而下极限偏差不相同　　② 下极限偏差相同而上极限偏差不同
   ③ 上、下极限偏差分别相同　　　　　　　④ 上、下极限偏差各不相同

7. 某零件的键槽有对称度要求，今测得键槽实际中心平面相对于基准中心平面的最大距离为+0.04mm，最小距离为-0.06mm，则该键槽的对称度误差值为（　　）。
   ① 0.12mm　　② +0.04mm　　③ -0.06mm　　④ 0.10mm

8. 在装配图上，ϕ50j6轴颈与0级深沟球轴承内圈配合处标注的代号为（　　）。
   ① ϕ50H7/j6　　② ϕ50H6/j6　　③ ϕ50j6　　④ ϕ50H5/j6

9. 选择滚动轴承与轴颈、外壳孔的配合时首先考虑的因素是（　　）。
   ① 轴承套圈相对于负荷方向的运转状态和所承受负荷的大小
   ② 轴承的径向游隙
   ③ 轴和外壳的材料和结构
   ④ 轴承的工作温度

10. 有一位移型圆锥配合，锥度C=1：10，要求装配后得到间隙配合：X_{min}=+0.020mm，X_{max}=+0.074mm，则轴向位移公差为（　　）。
    ① 0.094mm　　② 0.54mm　　③ 0.94mm　　④ 0.054mm

11. JB/T 2886—2008对机床梯形螺纹丝杠规定的最高一级的公差等级为（　　）。
    ① 1级　　② 2级　　③ 3级　　④ 4级

12. 齿轮副所需要的最小法向侧隙$j_{bn\,min}$与齿轮精度等级的关系是（　　）。
    ① $j_{bn\,min}$与齿轮精度等级有关
    ② $j_{bn\,min}$与齿轮精度等级无关
    ③ 齿轮精度等级越高，则$j_{bn\,min}$越大
    ④ 齿轮精度等级越低，则$j_{bn\,min}$越大

13. 按GB/T 10095.2—2008的规定，圆柱齿轮径向综合总偏差允许值F_i''的精度等级分为（　　）。
    ① 1、2、3、…、12 等12级　　② 2、3、…、12 等11级
    ③ 3、4、…、12 等10级　　　 ④ 4、5、…、12 等9级

14. 按GB/T 3478.1—2008的规定，圆柱直齿内、外渐开线花键配合表面的公差等级分为（　　）。
    ① 1、2、3、4 等4级　　② 2、3、4、5 等4级
    ③ 3、4、5、6 等4级　　④ 4、5、6、7 等4级

15. GB/T 1095—2003规定的平键宽度公差带的代号为（　　）。
    ① h7　　② h8　　③ h9　　④ h10

三、标注题和改错题：共10分。

1. 参看图2-9.1a所示的普通机器变速箱中的传动轴及相配件。根据齿轮传动的使用要求和已选定的孔与轴配合情况，试对该传动轴各部位标注主要的几何公差和应采用的公差原则，并把它们用几何公差框格和符号标注在图2-9.1b上。（标注的几何公差值正确与否皆不计分，也不考虑未注几何公差）。（7分）

2. 试改正图2-9.2中几何公差的标注错误（几何公差特征项目不允许改变）。（3分）

四、简答题：共20分。

1. 试述螺纹标记"M16—6g7g—L"中7g和L的含义。（2分）

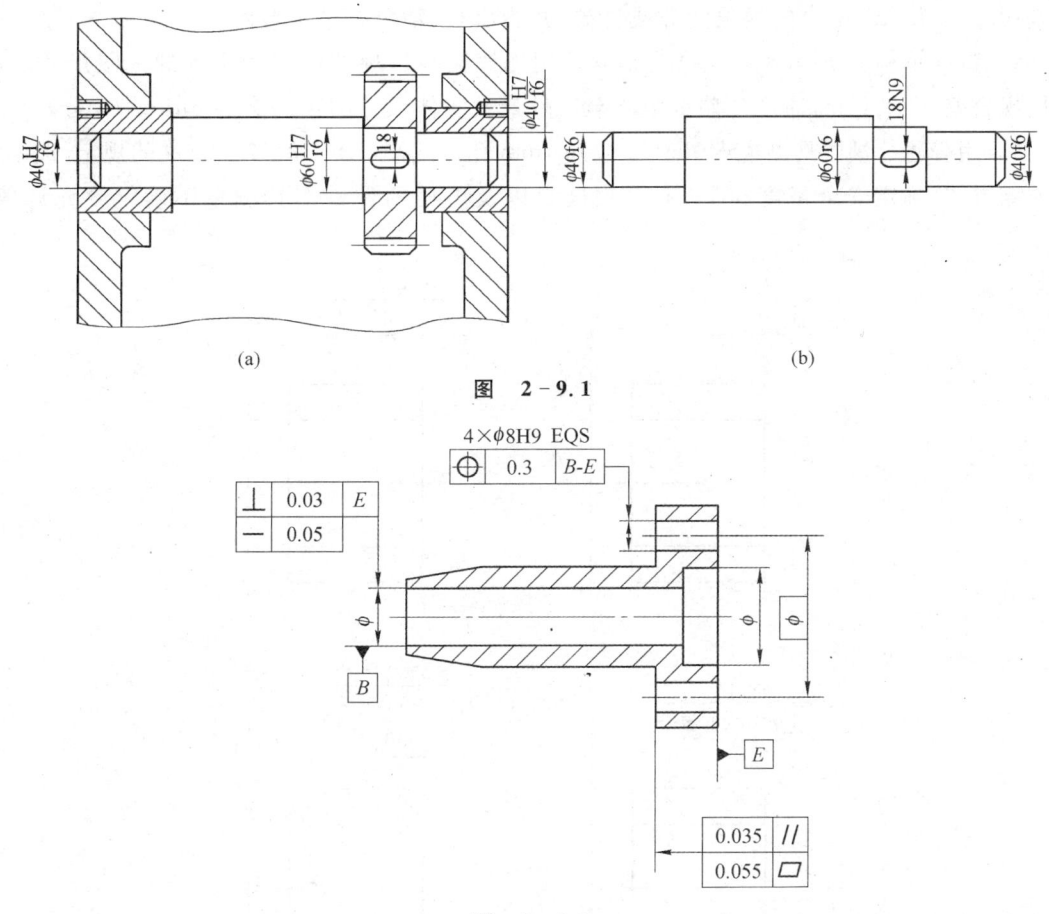

图 2-9.1

图 2-9.2

2. 对某表面只标注一个表面粗糙度轮廓幅度参数数值（默认为上限值），如何判断实测值的合格性？（2分）

3. 试述选择孔与轴的配合时优先选用基孔制的原因，并举两例说明应采用基轴制的场合。（5分）

4. 试述圆柱齿轮的三项精度要求及对应的强制性检测精度指标的公差或极限偏差（允许值）的名称和符号。（8分）

5. 为了保证圆柱齿轮传动的使用要求，试述应该对齿轮箱体上支承相互啮合齿轮的两对轴承孔的公共轴线规定的各项相互位置公差的名称和符号。（3分）

五、计算题：共40分。

1. 设间接测量中，$y=x_1-x_2$。若实测几何量 x_1 和 x_2 的随机误差皆服从正态分布，x_1 和 x_2 的测量极限误差分别为 ± 0.04mm 和 ± 0.03mm，试确定被测几何量 y 的测量极限误差。（3分）

2. 对某尺寸等精度测量9次，第8次测量值为 35.124mm，测量列算术平均值为 35.136mm。设测量列单次测量值的标准偏差为 12μm，试确定以第8次测量值和测量列算术平均值分别作为测量结果的表达式。（3分）

3. 已知 $\phi 45$m8$(^{+0.048}_{+0.009})$ 和 $\phi 45$M8/h7$(^{0}_{-0.025})$，试计算：①$\phi 45$M8 的基本偏差和上、下极限

偏差；②$\phi 45M8/h7$ 配合的极限间隙或过盈，并画出孔、轴公差带示意图。(5分)

4. 试计算检验 $\phi 40F8({}^{+0.064}_{+0.025})$ⒺMm 孔用光滑极限量规的通规和止规的极限尺寸。已知量规公差 $T_1=4\mu m$，通规公差带中心至工件最大实体尺寸的距离 $Z_1=6\mu m$。(5分)

5. 用普通计量器具测量 $\phi 40F8({}^{+0.064}_{+0.025})$Ⓔmm 孔。试按 GB/T 3177—2009 的规定，选用双向内缩方式，确定安全裕度和上、下验收极限以及Ⅰ挡的计量器具测量不确定度允许值。(5分)

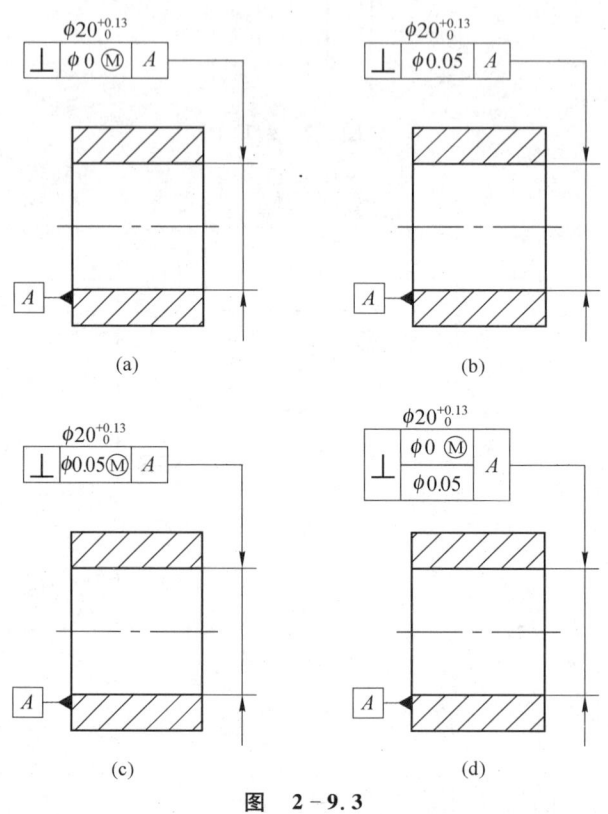

图 2-9.3

6. 试按图 2-9.3a～d 所示的四个图样上标注的几何公差和采用的公差原则，填写表 2-9.1 各栏目规定的内容。(11分)

表 2-9.1

图 号		a	b	c	d
所采用公差原则的名称					
边界的名称和边界尺寸(mm)					
MMC 时的垂直度公差值(mm)					
LMC 时的垂直度公差值(mm)					
被测孔的合格条件	实际轮廓与边界的关系				
	实际尺寸的大小(mm)				
若实际被测孔的横截面形状正确，实际尺寸处处皆为 20.09mm，而垂直度误差值为 $\phi 0.08$mm，则该孔合格与否？					

7. 参看图 2-9.4 所示某机床液压缸部件结构图。该部件某些零件的轴向尺寸 $A_1 = 350_{-0.14}^{\ 0}$ mm, $A_2 = 10_{-0.03}^{\ 0}$ mm, $A_3 = 60_{-0.07}^{\ 0}$ mm, $A_4 = 15_{\ 0}^{+0.04}$ mm, $A_5 = 5_{-0.03}^{\ 0}$ mm。试画出决定活塞杆轴向位移的大小(即封闭环)的尺寸链图,并计算封闭环的公称尺寸和极限偏差。(8分)

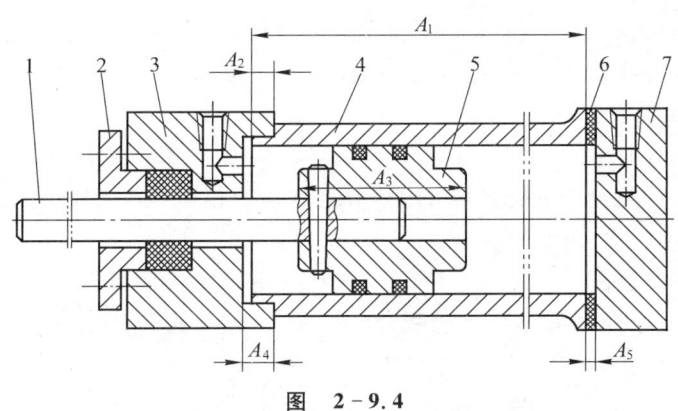

图 2-9.4

1—活塞杆；2—压盖；3—前盖；4—缸体；5—活塞；6—密封垫；7—后盖

试卷 10　吉林大学试题

一、填空题：每空 0.5 分,共 15 分。

1. 具有完全互换性的零件或部件,不需要经过_____或_____就能进行装配,并且装配后能够达到规定的功能要求。

2. 轮毂孔或轴的普通平键键槽相对于基准轴线的对称度公差与键槽宽度公差的关系采用_____,就可以使用功能量规检验。GB/T 1144—2001 规定矩形花键联结的定心方式采用_____定心。GB/T 3478.1—2008 规定圆柱直齿渐开线花键联结采用_____定心。

3. 按 JJG 146—2011 的规定,量块制造精度分级的主要依据是量块_____极限偏差和量块_____的允许值。量块检定精度分等的主要依据是量块测量的_____的允许值和量块_____的允许值。

4. $\phi 20_{-0.015}^{+0.006}$ mm 轴的基本偏差为_____mm,公差为_____mm。

5. 被测要素的形状误差应按_____评定,这时用_____的宽度或直径表示形状误差值,这样评定的误差值绝不会大于用其他方法评定的误差值。

6. 测量误差中的随机误差具有_____、_____、_____和_____等四个特性。

7. 表面粗糙度轮廓幅度参数测量方法中的针描法用于测量幅度参数_____值(写出符号);比较检验法是指将被测表面与已知幅度参数_____值的表面粗糙度轮廓比较样块进行触觉和视觉比较的检测方法(写出符号)。

8. 光滑极限量规的通规用来控制工件_____尺寸不得超出其最大实体尺寸,而止规用来控制工件_____尺寸不得超出其最小实体尺寸。

9. 滚动轴承内圈内径的公差为 $10\mu m$,与之相配合的轴颈的直径公差为 $13\mu m$,若要求配合的最大过盈 Y_{max} 为 $-25\mu m$,则该轴颈直径的下极限偏差应为_____μm。

10. 圆锥表面的形状公差项目包括_____公差和_____公差。

11. 齿距累积总偏差是被测齿轮的_____偏心和_____偏心综合产生的。
12. 普通螺纹量规的止规采用_____牙型,并且螺纹长度等于_____。
13. 尺寸链计算中的校核计算是指已知_____极限尺寸,计算_____极限尺寸。

二、单项选择题:每小题1分,共15分。(从每个小题的四个备选答案中选出一个正确答案,并将正确答案的号码写在题干后面的括号内。)

1. 按JJG 146—2011的规定,量块的制造精度分为( )。
   ① 1、2、3、4、5共五级　　　　② 0、1、2、3、4共五级
   ③ 00、0、1、2、3共五级　　　 ④ K、0、1、2、3共五级

2. 所设计孔、轴配合中的孔和轴加工后,经测量合格的某一实际孔与某一实际轴在装配后得到了间隙,则所设计配合( )。
   ① 一定是间隙配合　　　　　　② 一定是过渡配合
   ③ 可能是间隙配合也可能是过渡配合　　④ 一定是过盈配合

3. 用内径百分表测量孔径的方法属于( )。
   ① 相对测量　　② 间接测量　　③ 直接测量　　④ 绝对测量

4. 已知 $\phi50k6$ 的基本偏差为 $+0.002$mm,公差值为0.016mm,$\phi50K7$ 的公差值为0.025mm,则其基本偏差为( )。
   ① -0.018mm　　② -0.009mm　　③ $+0.007$mm　　④ -0.002mm

5. 下列四组公称尺寸皆为100mm的孔或轴的两个公差带代号中,基本偏差数值不相同的那一组两个公差带代号是( )。
   ① r7与r8　　② c8与c9　　③ R7与R8　　④ C8与C9

6. 孔与轴配合要求有相对运动和较高的定心精度,则它们的配合应选择( )。
   ① M/h　　② T/h　　③ G/h　　④ B/h

7. 孔的轴线相对于三基面体系在任意方向上的位置度公差带的形状是( )。
   ① 两同轴线圆柱面　　　　　② 圆柱
   ③ 两平行平面　　　　　　　④ 相互垂直的两对平行平面

8. 在工具显微镜上按基准和理论正确尺寸测得实际孔心偏离理想孔心 $5\mu m$,则其位置度误差值为( )。
   ① $\phi5\mu m$　　② $\phi10\mu m$　　③ $\phi20\mu m$　　④ $\phi25\mu m$

9. 某轴上的实际被测轴线各点距基准轴线的最近距离为 $2\mu m$,最远距离为 $4\mu m$,则同轴度误差值为( )。
   ① $\phi2\mu m$　　② $\phi4\mu m$　　③ $\phi6\mu m$　　④ $\phi8\mu m$

10. 测得某表面的实际轮廓上的最高峰顶线至基准线(中线)的距离为 $10\mu m$,最低谷底线至该基准线(中线)的距离为 $6\mu m$,则该表面粗糙度轮廓的最大高度 Rz 值为( )。
    ① $10\mu m$　　② $6\mu m$　　③ $16\mu m$　　④ $4\mu m$

11. 按GB/T 3177—2009的规定,用普通计量器具测量 $\phi60h7(_{-0.03}^{0})$Ⓔ mm轴时,安全裕度等于工件公差的1/10,则下验收极限为( )。
    ① 59.9673mm　　② 59.9727mm　　③ 59.967mm　　④ 59.973mm

12. 若外螺纹存在螺距误差和牙侧角偏差,则该外螺纹作用中径相对于单一中径的代数差( )。

① 小于零   ② 等于零   ③ 大于零   ④ 大于或等于零

13. 某减速器转轴两端安装深沟球轴承,该轴承承受一个大小和方向均不变的径向负荷,内圈旋转,外圈不旋转,则内圈相对于负荷方向的运转状态为( )。

① 固定的内圈负荷   ② 旋转的内圈负荷
③ 摆动的内圈负荷   ④ 摆动或旋转的内圈负荷

14. 按 GB/T 10095.1—2008 的规定,圆柱齿轮强制性检测精度指标的公差或极限偏差(允许值)的精度等级分为( )。

① 1、2、3、…、10 共 10 级   ② 1、2、3、…、13 共 13 级
③ 1、2、3、…、12 共 12 级   ④ 0、1、2、…、12 共 13 级

15. 在机器装配过程或零件加工过程中,最后自然形成的尺寸是尺寸链中的( )。

① 组成环   ② 封闭环   ③ 增环   ④ 减环

三、标注题和改错题:共 10 分。

1. 试将下列几何公差和表面粗糙度轮廓要求标注在图 2-10.1 上。(5分)

① 两个 $\phi 20_{-0.021}^{0}$ mm 轴颈皆采用包容要求。

② $\phi 32_{-0.03}^{0}$ mm 圆柱面对两个 $\phi 20_{-0.021}^{0}$ mm 轴颈的公共轴线的径向圆跳动公差为 0.015mm。

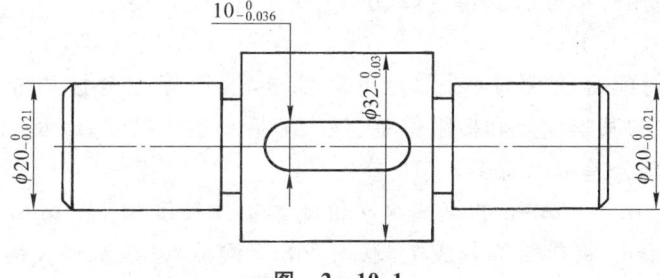

图 2-10.1

③ 两个 $\phi 20_{-0.021}^{0}$ mm 轴颈的圆度公差皆为 0.01mm。

④ $\phi 32_{-0.03}^{0}$ mm 圆柱面左、右两端面分别对两个 $\phi 20_{-0.021}^{0}$ mm 轴颈的公共轴线的轴向圆跳动公差皆为 0.02mm。

⑤ 宽 $10_{-0.036}^{0}$ mm 键槽中心平面对 $\phi 32_{-0.03}^{0}$ mm 圆柱面轴线的对称度公差为 0.015mm。

⑥ 两个 $\phi 20_{-0.021}^{0}$ mm 圆柱面的表面粗糙度轮廓参数 Ra 的上限值皆为 $1.6\mu m$;$\phi 32_{-0.03}^{0}$ mm 圆柱面的表面粗糙度轮廓参数 Rz 的最大值为 $3.2\mu m$,其余各表面的表面粗糙度轮廓参数 Ra 的最大值为 $8.0\mu m$。

2. 试改正图 2-10.2 中几何公差的标注错误(几何公差特征项目不允许改变)。(5分)

四、简答题:共 20 分。

1. 试举三例说明选择孔与轴配合的配合制时必须采用基轴制的场合。(3分)

2. 被测要素的定向最小包容区域与方向公差带有何联系和区别?(3分)

3. 采用圆锥公差标注方法中的基本锥度法时,应在图纸上标注哪些主要尺寸和公差?(3分)

4. 按 GB/T 307.3—2005 的规定,向心轴承的公差等级分哪几级?(3分)

5. 某汽车车轮轮毂中的滚动轴承承受一个大小和方向均不变的径向负荷,轴承内圈固定而外圈旋转,试述内、外圈相对于负荷方向的运转状态。(2分)

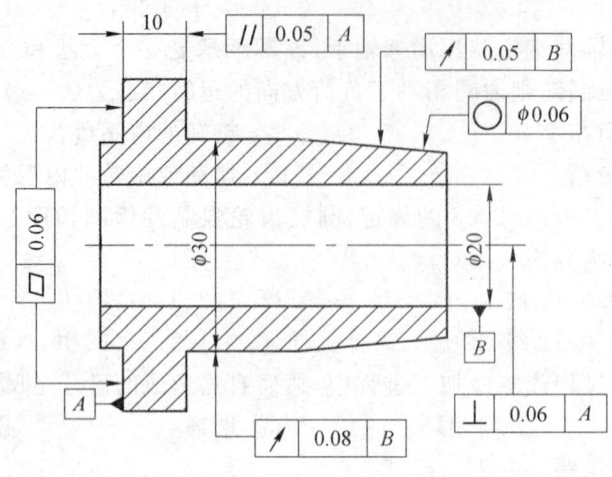

图 2-10.2

6. 试述圆柱齿轮齿廓总偏差和螺旋线总偏差的含义以及它们分别用于评定齿轮的哪项精度。（4分）

7. 齿轮副侧隙用什么方法获得？（2分）

五、计算题：共40分。

1. 已知基孔制配合 $\phi 40H7(^{+0.025}_{0})/r6(^{+0.050}_{+0.034})$，试计算配合性质相同的基轴制配合 $\phi 40R7/h6$ 中孔和轴的基本偏差和极限偏差、最大和最小实体尺寸，以及配合公差、极限间隙或过盈，并画出孔、轴公差带示意图。（10分）

2. 用分度值为 0.02mm/m 的框式水平仪测量工作长度为 1400mm 的机床导轨，所用桥板的跨距为 200mm。将导轨等分成 7 段（均布 8 个测点）。该水平仪逐段依次进行测量，在各测点的示值（格数）见表 2-10.1 所列。试以两端点连线作为评定基准和按最小条件求解导轨的直线度误差值。（9分）

表 2-10.1

测点序号	A	B	C	D	E	F	G	H
分段序号	0	1	2	3	4	5	6	7
水平仪示值（格数）	0	−2	−3	+1	0	+3	+2	−3

3. 要求某轴镀铬后直径为 $\phi 30^{0}_{-0.034}$ mm，镀铬层的厚度为 0.02mm±0.005mm，试计算该轴在镀铬前的加工尺寸应在什么范围内，才能保证设计要求。（8分）

4. 试计算检验 $\phi 40H8$ⓔ 孔用光滑极限量规的通规和止规的极限尺寸。已知 IT8 = 39μm，量规尺寸公差 $T_1 = 4μm$，通规尺寸公差带中心到工件最大实体尺寸之间的距离 $Z_1 = 6μm$。（6分）

5. 用分度头和指示表按绝对法测量一个齿数为 12 的直齿圆柱齿轮左齿面实际齿距对理论齿距的偏差。测量时，首先把被测齿轮的一个轮齿（序号为 1）齿面调整到起始定位角为 0° 的位置，并调整指示表的示值零位。此后，指示表的位置保持不变，分度头主轴连同被测齿轮每转过 30°，由调整好示值零位的指示表逐齿依次测取实际齿距累计值对理论齿距累计值的偏差(线值)。指示表逐齿测量得到的示值列于表 2-10.2。根据这些数据，试确定被测齿轮左齿面的齿距累积总偏差和单个齿距偏差评定值的数值。(7 分)

表 2-10.2

轮齿序号	1→2	1→3	1→4	1→5	1→6	1→7	1→8	1→9	1→10	1→11	1→12	1→1
分度头主轴分度定位角(°)	30	60	90	120	150	180	210	240	270	300	330	360(0°)
指示表示值(μm)	+10	+15	+30	+20	+10	+5	−15	−25	−35	−20	−10	0

试卷 11　陕西工业职业技术学院试题

一、填空题：每空 0.5 分，共 15 分。

1. 保证互换性生产的基础是_____。
2. 不完全互换性可以用_____法、_____法或其他方法来实现。
3. 量块按"级"使用时，以量块的标称长度作为_____，它包含了量块的_____误差。
4. 精密度反映_____误差的大小，准确度反映_____误差的大小。
5. 已知孔、轴的公称尺寸为 ϕ25mm 时，IT6 的公差值为 0.013mm，代号 g 的基本偏差为 −0.007mm。填出下列孔、轴的极限偏差：

　　ϕ25h6 _____；　　　　　　　　ϕ25H6 _____；
　　ϕ25g6 _____；　　　　　　　　ϕ25G6 _____；
　　ϕ25js6 _____；　　　　　　　　ϕ25JS6 _____。

6. 测量表面粗糙度轮廓幅度参数时，规定取样长度的目的是_____。测量 Ra 的常用仪器是_____；测量 Rz 的常用仪器是_____。
7. 在装配图上，滚动轴承外圈与外壳孔的配合标注_____代号。
8. 普通平键与键槽宽度的配合采用基_____制；矩形花键联结采用基_____制配合；滚动轴承外圈与外壳孔配合采用基_____制。
9. 按 GB/T 3177—2009 的规定，用普通计量器具测量 ϕ85f7($_{-0.071}^{-0.036}$)Ⓔ 的轴，取安全裕度 A 等于工件公差的 1/10，则上、下验收极限分别为_____ mm 和_____ mm。
10. 满足泰勒原则的光滑极限量规通规与被检测表面应成_____接触，止规与被检测表面应成_____接触。
11. 测量和评定表面粗糙度轮廓幅度参数时评定长度的标准化值等于_____。
12. 圆柱齿轮减速器中滚动轴承内圈与轴一起旋转，因此要求内圈与轴颈的配合性质为_____配合，以防止它们的配合面相对滑动。而滚动轴承外圈安装在外壳孔中不旋转，因此外圈与外壳孔的配合性质应该_____一些，以适应轴在工作时因温度升高而产生的微量伸长。
13. 按 GB/T 1144—2001 的规定，矩形花键联结的定心方式采用_____定心，并且定心表面形状公差与尺寸公差的关系采用_____。按图样标注检测合格的实际内、外矩形花键装配后定心表面的配合性质与图样上配合代号所表示的配合性质相比较的结论是

_____。

二、单项选择题：每小题 1 分，共 15 分。（从每小题的四个备选答案中，选出一个正确答案，并将正确答案的号码写在题干后面的括号内。）

1. 在精密测量中，常用的计量单位是（　　）。
   ① m　　　　　② cm　　　　　③ mm　　　　　④ μm

2. 某测量列中单次测量值的标准偏差为 0.027mm，若欲使测量列算术平均值的测量极限误差为 ±0.027mm，则应至少重复测量的次数为（　　）。
   ① 4　　　　　② 9　　　　　③ 16　　　　　④ 36

3. 用立式光学比较仪测量 $\phi 25m6$ 轴的方法属于（　　）。
   ① 绝对测量　　② 相对测量　　③ 综合测量　　④ 主动测量

4. 下列四组配合中配合性质与 $\phi 40H7/k6$ 相同的那一组配合是（　　）。
   ① $\phi 40H7/k7$　　② $\phi 40K7/h7$　　③ $\phi 40K7/h6$　　④ $\phi 40H6/k6$

5. 利用同一加工方法加工 $\phi 50H7$ 孔和 $\phi 100H6$ 孔应理解为（　　）。
   ① 前者加工困难　　　　　　　② 后者加工困难
   ③ 两者加工难易程度相当　　　④ 无从比较

6. $\phi 30E8/h8$ 与 $\phi 30E9/h9$ 的（　　）。
   ① 最小间隙相同　　　　　　　② 最大间隙相同
   ③ 平均间隙相同　　　　　　　④ 间隙变动范围相同

7. 若孔与轴配合的最大间隙为 $+28\mu m$，孔的下极限偏差为 $-21\mu m$，轴的公差为 $19\mu m$，轴的下极限偏差为 $-19\mu m$，则配合公差为（　　）。
   ① $40\mu m$　　② $47\mu m$　　③ $49\mu m$　　④ $52\mu m$

8. 当孔、轴都处于最大实体尺寸时，它们装配的结果（　　）。
   ① 最好　　　　② 最差　　　　③ 最紧　　　　④ 最松

9. 被测表面的平面度公差与它对基准轴线的平行度公差的关系应是（　　）。
   ① 前者不得大于后者　　　　　② 前者不得小于后者
   ③ 前者一定等于后者　　　　　④ 前者一定大于后者

10. 用针描法可以测量的表面粗糙度参数是（　　）。
    ① Ra　　② Rz　　③ $Rmr(c)$　　④ Rsm

11. 位移型圆锥配合的内、外圆锥直径公差带影响（　　）。
    ① 圆锥配合的配合性质　　　　② 内、外圆锥装配时的初始位置
    ③ 内、外圆锥之间的最终轴向位移　　④ 内、外圆锥之间最终的轴向相对位置

12. 为了保证普通内螺纹的互换性，内螺纹作用中径 D_{2m}、单一中径 D_{2s} 与其中径的上极限尺寸 D_{2max}、下极限尺寸 D_{2min} 的关系应满足的条件是（　　）。
    ① $D_{2m} \leq D_{2max}$ 且 $D_{2s} \geq D_{2min}$　　② $D_{2m} \geq D_{2min}$ 且 $D_{2s} \leq D_{2max}$
    ③ $D_{2m} \leq D_{2min}$ 且 $D_{2s} \geq D_{2max}$　　④ $D_{2m} \geq D_{2max}$ 且 $D_{2s} \leq D_{2min}$

13. 使用齿轮双啮仪可以测量（　　）。
    ① $\Delta F_i'$　　② ΔF_α　　③ Δf_{pt}　　④ $\Delta F_i''$

14. 齿轮副所需的最小侧隙 $j_{bn\,min}$ 与齿轮精度等级的关系是（　　）。
    ① $j_{bn\,min}$ 与齿轮精度等级有关　　② $j_{bn\,min}$ 与齿轮精度等级无关

③ 齿轮精度等级越高,则 $j_{bn\,min}$ 越大　　④ 齿轮精度等级越低,则 $j_{bn\,min}$ 越大

15. 用大数互换法计算尺寸链时,若各组成环实际尺寸都服从正态分布,设实际尺寸分布范围与公差范围相同,则封闭环公差等于各个组成环公差(　　)。

① 之和　　　　　　　　　　　　② 的平方之和

③ 之积再开平方　　　　　　　　④ 的平方之和再开平方

三、标注题和改错题:共 10 分。

1. 试将下列几何公差要求用几何公差框格和符号标注在图 2-11.1 上。(6分)

① $\phi30K7$ 孔和 $\phi50M7$ 孔的轴线分别对它们的公共轴线的同轴度公差皆为最大实体要求应用于被测要素而标注零几何公差值;

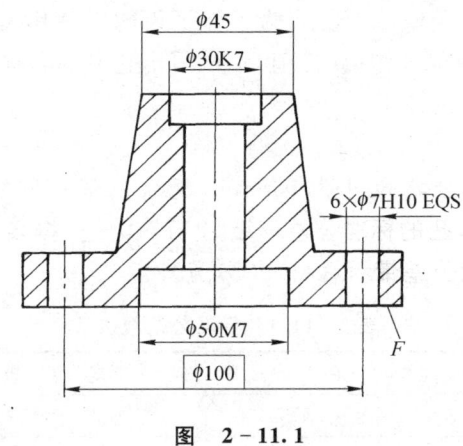

图　2-11.1

② $\phi30K7$ 孔和 $\phi50M7$ 孔的内端面分别对这两孔的公共轴线的轴向圆跳动公差皆为 0.02mm;

③ 底面 F 的平面度公差为 0.015mm;

④ $6\times\phi7H10$ 孔(均布)的轴线分别对 $\phi50M7$ 孔轴线(第一基准)和底面 F(第二基准)的位置度公差均为 $\phi0.5$mm;

⑤ 上述位置度公差与 $\phi7H10$ 孔尺寸公差的关系采用最大实体要求并附加可逆要求;

⑥ 上述位置度公差与基准孔尺寸公差的关系采用最大实体要求。

2. 试改正图 2-11.2 所示图样上几何公差的标注错误(几何公差特征项目不允许变更,正确的标注不要修改。)(4分)

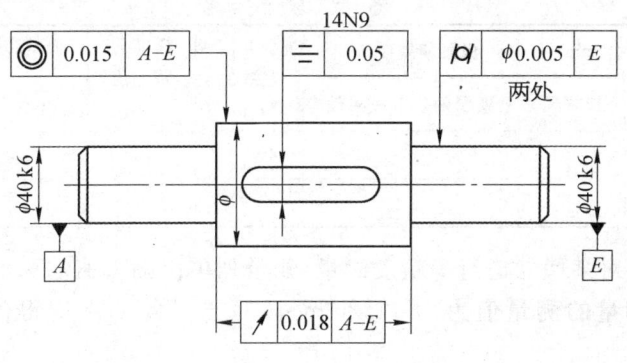

图　2-11.2

四、简答题：共 20 分。

1. 试述圆柱度公差带与径向全跳动公差带的异同。(3 分)

2. 试述判断表面粗糙度轮廓幅度参数实测值的合格性时，可以采用的 16％ 规则和最大规则的含义。(3 分)

3. 滚动轴承内圈和轴颈的配合与国家标准《极限与配合》中基孔制同名配合相比较，在配合性质上有何变化，为什么？(3 分)

4. 为什么光滑极限量规通规的形状应制成全形接触的，止规的形状应制成两点式接触的？(3 分)

5. 试说明标记"M10—6H/5g6g"中的 6H、5g、6g 的含义。(3 分)

6. 按 GB/T 10095.1—2008 的规定，为了保证齿轮的使用要求，应该规定哪几个强制性检测精度指标的公差或极限偏差(允许值)？试写出它们的名称和符号以及对应的使用要求。(5 分)

五、计算题：共 40 分。

1. 已知孔与轴配合的公称尺寸为 $\phi30$mm，配合的最小间隙为 $+20\mu$m，最大间隙为 $+54\mu$m。采用基孔制配合，孔的标准公差等级为 IT7。试根据表 2-11.1 和表 2-11.2 填写表 2-11.3，并画出孔、轴公差带示意图。(10 分)

表 2-11.1 标准公差数值 (μm)

公称尺寸(mm)	标准公差等级				
	IT6	IT7	IT8	IT9	IT10
>18~30	13	21	33	52	84
>30~50	16	25	39	62	100

表 2-11.2 轴的基本偏差数值 (μm)

公称尺寸(mm)	标准基本偏差						
	d	e	f	g	m	n	p
>18~30	−65	−40	−20	−7	+8	+15	+22
>30~50	−80	−50	−25	−9	+9	+17	+26

表 2-11.3

	极限尺寸(mm)		极限偏差(mm)		基本偏差数值(mm)	标准公差数值(mm)	公差带代号	配合代号	配合公差(mm)
	上极限尺寸	下极限尺寸	上极限偏差	下极限偏差					
孔									
轴									

2. 在某仪器上对某尺寸进行等精度测量，测量列单次测得值的标准偏差为 0.002mm。

① 设某一次测量的测量值为 18.732mm，试写出以此单次测得值表示的测量结果。(2 分)

② 设重复测量 4 次，4 次测量值的算术平均值为 18.734mm，试写出以算术平均值表示

的测量结果。(2分)

3. 试计算检验 $\phi 30^{+0.021}_{+0.008}$ Ⓔ mm 轴用光滑极限量规的通规和止规的极限尺寸。已知量规定形尺寸公差 $T_1 = 2\mu m$,通规定形尺寸公差带中心至工件最大实体尺寸之间的距离 $Z_1 = 2.4\mu m$。(5分)

4. 参看图 2-11.3a,以大平板工作表面作为测量基准,按网格均匀布点用指示表测量一块小平板工作表面的平面度误差。均布九个测点,它们相对于测量基准的高度差(指示表示值,μm)见图 2-11.3b。试根据这九个数据按对角线平面法和最小条件求解平面度误差值。(7分)

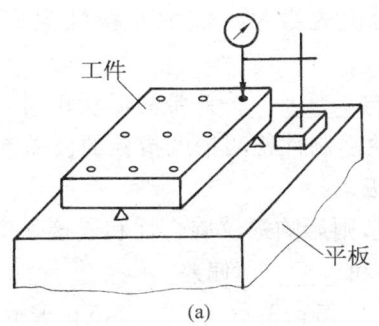

图 2-11.3

5. 用相对法测量一个齿数为 12 的直齿圆柱齿轮的右齿面各个齿距偏差。任选一个齿距作为基准齿距,使用双测头式齿距比较仪测量该齿距时调整指示表的示值为零。然后,用这个调整好示值零位的量仪逐齿依次测量其余 11 个齿距对基准齿距的偏差,依次测得的指示表示值(μm)为 0,-8,-10,-8,-6,-12,-14,+2,+5,+6,+5,+4。试确定该齿轮右齿面的齿距累积总偏差的数值和单个齿距偏差的评定值。(8分)

6. 图 2-11.4 所示孔及其键槽的加工顺序如下:首先按工序尺寸 $\phi 84.8^{+0.087}_{0}$ mm 镗孔,再按工序尺寸 A 插键槽,然后热处理,之后按图样上标注的孔尺寸 $\phi 85^{+0.035}_{0}$ mm 磨孔。孔完工后要求键槽深度符合图样上标注的尺寸 $90.4^{+0.2}_{0}$ mm 的要求。试用极值法解尺寸链,确定工序尺寸 A 的极限尺寸。(6分)

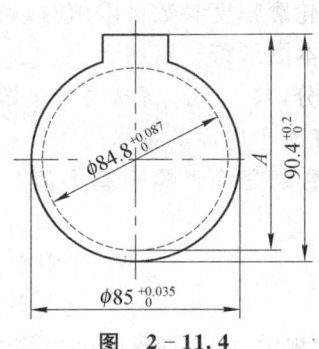

图 2-11.4

试卷 12　安徽农业大学试题

一、填空题：每空 0.5 分,共 15 分。

1. 孔在图样上标注为 ϕ40JS8,已知尺寸公差 IT8=39μm,则该孔的上偏差为_____ mm,该孔的最大实体尺寸为_____ mm。按 GB/T 1800.2—2009 的规定,常用尺寸孔的标准公差等级分为_____,共 20 级。

2. GB/T 321—2005 采用_____数列作为优先数系。实现互换性生产的基础是_____。

3. 径向圆跳动公差带的形状为_____,它与_____公差带的形状相同。

4. 按 GB/T 10095.1—2008 的规定,圆柱齿轮强制性检测精度指标的公差或极限偏差(允许值)的精度等级分为_____级,共 13 级。

5. 若不考虑普通螺纹大径和小径的尺寸偏差,则影响螺纹旋合性和连接强度的几何参数误差或偏差主要是_____偏差、_____误差和_____偏差。

6. 标记"M20—5 g 6 g—L"中,20 表示_____,5 g 表示_____,6 g 表示_____,L 表示_____。

7. 具有互换性的零件或部件,不需经过_____或_____就能进行装配,并且装配后能够达到规定的功能要求。

8. 矩形花键联结采用基_____制配合,其优点是_____。

9. 孔、轴尺寸公差带的大小由_____决定,它的位置由_____决定。

10. 滚动轴承内径公差带的特点是基本偏差为_____,另一极限偏差的符号为_____号。

11. 孔或轴采用包容要求,则可以用它的_____公差来控制它的_____误差。

12. 齿轮箱体上支承相互啮合齿轮的两对轴承孔的公共轴线间的平行度误差影响_____,它们的中心距偏差影响_____。

13. 齿轮副所需的最小侧隙与齿轮精度等级_____。

14. 图样上标注表面粗糙度轮廓幅度参数极限值时,若只单向标注一个数值,则默认它为该幅度参数的_____值。基本图形符号仅用于_____,不能单独使用。

二、单项选择题：每小题 1 分,共 15 分。(从每个小题的四个备选答案中,选出一个正确答案,并将正确答案的号码写在题干后面的括号内。)

1. 母线通过螺纹牙型上沟槽宽度等于螺距基本值一半的假想圆柱的直径称为螺纹(　　)。
   ① 中径　　　　　　　　② 作用中径
   ③ 单一中径　　　　　　④ 最大实体牙型中径

2. 按 GB/T 307.3—2005 的规定,向心轴承的公差等级分为(　　)。
   ① 2、3、4、5、6 共 5 级　　② 0、2、3、4、5 共 5 级
   ③ 2、4、5、6、0 共 5 级　　④ 2、3、4、5、0 共 5 级

3. 光滑极限量规的止规用于控制被检验孔或轴任何部位的实际尺寸不得超出(　　)。

① 最大实体尺寸 　　　　　　　　② 最大实体边界的尺寸
③ 作用尺寸 　　　　　　　　　　④ 最小实体尺寸

4. 按 GB/T 197—2003 的规定,普通内螺纹中径的公差等级分为(　)。
① 3、4、5、6、7、8、9 共 7 级　　② 4、5、6、7、8、9 共 6 级
③ 3、4、5、6、7、8 共 6 级　　　　④ 4、5、6、7、8 共 5 级

5. 用立式光学比较仪测量 $\phi60m7$ 轴的方法属于(　)。
① 绝对测量　　② 相对测量　　③ 综合测量　　④ 主动测量

6. 零件尺寸链的封闭环是该尺寸链各环中的(　)。
① 最不重要的尺寸　　　　　　② 最重要的尺寸
③ 最容易加工的尺寸　　　　　④ 最难加工的尺寸

7. 下列四项齿轮公差中保证齿轮传递运动准确性的那一项公差为(　)。
① f_i'　　② F_i'　　③ f_i''　　④ F_β

8. 用普通计量器具测量 $\phi60^{+0.018}_{-0.012}$ Ⓔ mm 孔。按 GB/T 3177—2009 的规定,安全裕度为 0.003mm,该孔的上验收极限为(　)。
① 60.015mm　　② 60.021mm　　③ 59.985mm　　④ 59.991mm

9. 同一表面的表面粗糙度轮廓幅度参数 Ra 值与 Rz 值的关系为(　)。
① $Ra<Rz$　　② $Ra=Rz$　　③ $Ra>Rz$　　④ 无从比较

10. 若孔与轴配合的最大间隙为 $+30\mu m$,孔下偏差为 $-11\mu m$,轴的下偏差为 $-16\mu m$,轴的公差为 $16\mu m$,则配合公差为(　)。
① $37\mu m$　　② $47\mu m$　　③ $41\mu m$　　④ $46\mu m$

11. 按 GB/T 10095.2—2008 的规定,齿轮径向综合总偏差允许值的符号是(　)。
① F_i'　　② f_i'　　③ F_i''　　④ f_i''

12. 下列四个公差带中,与 $\phi20f6$ 公差带的大小相同的那一个公差带是(　)。
① $\phi20F7$　　② $\phi20k6$　　③ $\phi20g7$　　④ $\phi20M7$

13. $\phi50^{+0.007}_{-0.018}$ mm 孔采用包容要求时,其体外作用尺寸不得超出(　)。
① 上极限尺寸　　② 下极限尺寸　　③ 最小实体尺寸　　④ 公称尺寸

14. 若某表面的平面度误差值为 0.04mm,则该表面对基准轴线的平行度误差值一定(　)。
① 大于 0.04mm　　② 等于 0.04mm　　③ 小于 0.04mm　　④ 不小于 0.04mm

15. GB/T 197—2003 规定的普通外螺纹中径的基本偏差代号有(　)。
① f、g、h 共三种　　　　　　② e、f、g、h 共四种
③ d、e、f、g、h 共五种　　　 ④ c、d、e、f、g、h 共六种

三、标注题和改错题:共 10 分。

1. 试将下列几何公差和表面粗糙度轮廓要求标注在图 2-12.1 上。(6 分)

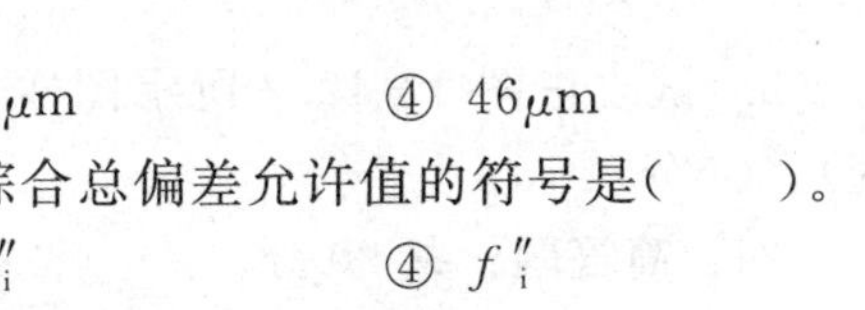

① ϕd 圆柱面的尺寸为 $\phi30^{\ 0}_{-0.025}$ mm,采用独立原则;

② ϕD 圆柱面的尺寸为 $\phi50^{\ 0}_{-0.039}$ mm,采用包容要求;

图 2-12.1

③ ϕd 圆柱面的表面粗糙度轮廓参数 Ra 的上限值为 $1.25\mu m$,ϕD 圆柱面的表面粗糙度

轮廓参数 Rz 的最大值为 $8\mu m$；

④ 键槽的宽度为 $14mm\pm 0.021mm$，它的中心平面对 ϕD 圆柱面轴线的对称度公差为 $0.02mm$；

⑤ ϕd 圆柱面的圆柱度公差为 $0.006mm$；

⑥ ϕd 圆柱面对 ϕD 圆柱面轴线的径向圆跳动量公差为 $0.03mm$；

⑦ 轴肩端面 A 对 ϕD 圆柱面轴线的轴向圆跳动公差为 $0.05mm$。

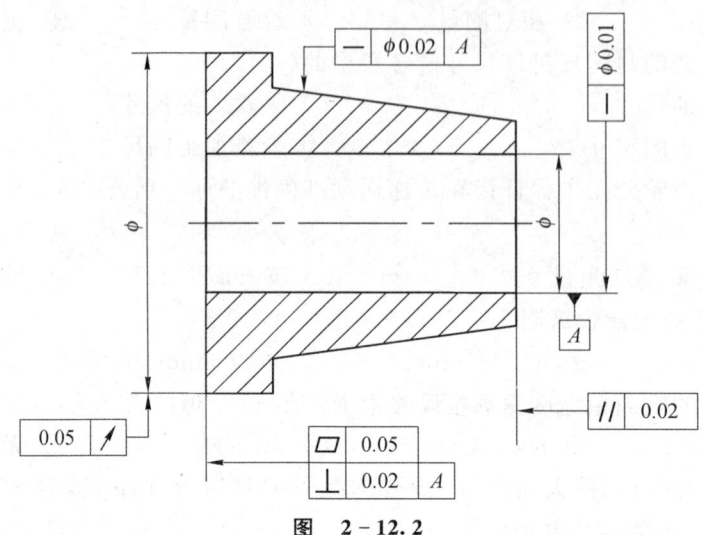

图 2-12.2

2. 试改正图 2-12.2 所示图样上几何公差的标注错误（几何公差特征项目不允许改变）。（4分）

四、简答题：共 20 分。

1. 试述齿轮副侧隙的作用。（2分）

2. 如果不以齿顶圆柱面作为测量齿厚的基准，且不以它作为切齿时的找正基准，则盘形齿轮的齿轮坯公差应规定哪几项？试述它们的名称（用图样标注的形式来解答）。（3分）

3. 试述圆锥公差的三种标注方法（用标注示例来解答）。（4分）

4. 试述最大实体要求应用于被测要素而标注零几何公差值时的含义和在几何公差框格中的标注方法。（4分）

5. 选择孔与轴配合的配合制时，应优先选用哪一种配合制，为什么？（3分）

6. 试述滚动轴承与轴颈、外壳孔的配合要求在装配图上的标注方法（用标注示例来解答）。（2分）

7. 某圆柱齿轮减速器转轴的两端安装向心轴承，它承受一个大小和方向都不变的径向负荷，轴承内圈与轴一起旋转，外圈在箱体孔中固定不动，试述该轴承内、外圈相对于负荷方向的运转状态。（2分）

五、计算题：共 40 分。

1. 设相互配合的孔与轴的公称尺寸为 $\phi 40mm$，采用基孔制配合，轴公差 $T_s=0.010mm$，配合的最大间隙 $X_{max}=+0.017mm$，最大过盈为 $Y_{max}=-0.012mm$。试确定孔和轴的极限偏差，并画出孔、轴公差带示意图。（9分）

2. 参看图 2-12.3，试计算 $\phi 30_{-0.052}^{0}mm$ 轴的最大实体尺寸、最小实体尺寸和最大实体实效尺寸。若按此图样加工一个轴后其横截面形状正确,实际尺寸处处皆为 29.93mm,轴的轴线直线度误差为 $\phi 0.04$mm。试述该轴的合格条件,并判定合格与否。(8分)

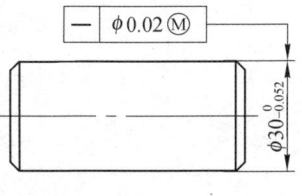

图 2-12.3

3. 试计算检验 $\phi 30^{+0.015}_{+0.002}$Ⓔmm 轴用工作量规的通规和止规的极限尺寸。已知量规尺寸公差 $T_1=2\mu m$,通规尺寸公差带中心到工件最大实体尺寸之间的距离 $Z_1=2.4\mu m$。(6分)

4. 对某一轴径进行等精度测量 16 次,其中第 9 次测量值为 20.022mm。对测量列进行数据处理后,得出测量列算术平均值为 20.015mm,单次测量值的标准偏差为 $12\mu m$。假定测量列中不存在系统误差和粗大误差,试确定以第 9 次测量值和测量列算术平均值分别作为测量结果的表达式。(5分)

5. 试按表 2-12.1 确定 $\phi 30E7/h6$ 配合中孔和轴的极限偏差。孔装配前需镀铬,镀铬层的厚度为 $(12\pm 2)\mu m$。为了满足装配后指定的配合性质,试确定该孔在镀铬前的极限尺寸。(6分)

表 2-12.1

公称尺寸 (mm)	标准公差数值(μm)				基本偏差数值(μm)			
	IT5	IT6	IT7	IT8	D	E	F	G
>18~30	9	13	21	33	+65	+40	+20	+7
>30~50	11	16	25	39	+80	+50	+25	+9

6. 在万能测齿仪上使用双测头式比较测量装置按相对法测量一个齿数为 12 的直齿圆柱齿轮的左齿面各个齿距偏差。任选一个齿距作为基准齿距,用该装置测量这齿距时调整该装置上的指示表的示值为零。然后,用调整好示值零位的该装置逐齿依次测量其余 11 个齿距对基准齿距的偏差,依次测得的指示表示值(μm)为 0,+10,+10,+16,+12,+14,+16,-6,-10,-14,-8,-4。试确定被测齿轮左齿面的单个齿距偏差的评定值和齿距累积总偏差的数值。(6分)

附 录

第一部分的习题简要答案

第 一 章

1-1 0.1，0.16，0.25，0.4，0.63，1.00，1.60，2.50，4.00，6.30，10.0，16.0，25.0，40.0，63.0，100。

1-2 R5/3:1.00，4.00，16.0，63.0，250。 R10/2:1.00，1.60，2.50，4.00，6.30。 R20/3:1.00，1.40，2.00，2.80，4.00。

1-3 R5。

1-4 R10。

1-5 15，25，40，60，100；R5 第二化整值系列。

第 二 章

2-1 略。

2-2 25.002 mm。

2-3 相对测量误差 $f_1=|-0.03|/60=0.05\%$，$f_2=|+0.04|/100=0.04\%$，后者的测量精度较高。

2-4 $1.005+1.37+3.5+60=65.875$ mm。量块长度的极限偏差决定了量块按"级"使用时的精度。由 JJG 146—2011 查出上述四块量块的长度的极限偏差来计算量块组的测量极限误差为 $\delta_{\lim}=\pm\sqrt{0.2^2+0.2^2+0.2^2+0.5^2}=\pm0.608$ μm。

2-5 量块按"级"使用时，工作尺寸为 $50+5.5=55.5$ mm。按 JJG 146—2011，量块组的测量极限误差为 $\delta_{\lim}=\pm\sqrt{0.8^2+0.45^2}=\pm0.918$ μm。量块按"等"使用时，工作尺寸为 $(50+0.0005)+(5.5-0.0002)=55.5003$ mm。量块测量的不确定度允许值决定了量块按"等"使用的精度。由 JJG 146—2011 查出这两块量块测量的不确定度允许值来计算量块组的测量极限误差为 $\delta_{\lim}=\pm\sqrt{0.3^2+0.22^2}=\pm0.372$ μm。

2-6 ① 49.9985 mm±0.00043 mm。 ② 49.9987 mm±0.00021 mm。

2-7 ①~⑥略。⑦ $x_2\pm3\sigma=50.03$ mm±0.035 mm。 ⑧ $\bar{x}\pm3\sigma_{\bar{x}}=50.02$ mm±0.011 mm。

2-8 ① 25.004 mm±0.003 mm。 ② 25.005 mm±0.0015 mm。 ③ 9 次。

2-9 $\sin\dfrac{\alpha}{2}=\dfrac{D_1-D_2}{-2L_1+2L_2-D_1+D_2}$；间接测量值 $\alpha_0=29°59'52''$；函数系统误差 $\Delta\alpha\approx+23''$；测量极限误差 $\delta_{\lim(\alpha)}\approx\pm23.1''$；测量结果 $\alpha_e=29°59'29''\pm23.1''$。

2-10 ① $L=L_1+(D_1+D_2)/2$,测量极限误差 $\delta_{\lim}=\pm31.8\ \mu m$。 ② $L=L_2-(D_1+D_2)/2$,测量极限误差 $\delta_{\lim}=\pm46.2\ \mu m$。 ③ $L=(L_1+L_2)/2$,测量极限误差 $\delta_{\lim}=\pm27.0\ \mu m$。

第 三 章

3-1 ① 正值、负值或零;绝对值。 ② 正值或零;负值或零。 ③ 绝对值;绝对值。
3-2 孔为 $\phi 60^{-0.021}_{-0.051}$ mm,轴为 $\phi 60^{\ 0}_{-0.019}$ mm;公差带示意图略。
3-3 略。
3-4 基本偏差相同,标准公差数值不同。
3-5、3-6、3-7 略。
3-8 ϕ100S7/h6,其余略。
3-9 孔为 $\phi 30^{-0.007}_{-0.028}$ mm,轴为 $\phi 30^{+0.021}_{+0.008}$ mm;孔、轴公差带示意图略。
3-10 ① $\phi 70h11(^{\ 0}_{-0.190})$; ② $\phi 28k7(^{+0.023}_{+0.002})$; ③ $\phi 40M8(^{+0.005}_{-0.034})$; ④ $\phi 25z6(^{+0.101}_{+0.088})$; ⑤ $\phi 30js7(\pm 0.01)$; ⑥ $\phi 60J6(^{+0.013}_{-0.006})$。
3-11 ① $\phi 40H8(^{+0.039}_{\ 0})/f7(^{-0.025}_{-0.050})$; ② $\phi 60H7(^{+0.030}_{\ 0})/h6(^{\ 0}_{-0.019})$; ③ $\phi 32H8(^{+0.039}_{\ 0})/js7(\pm 0.012)$。
3-12 ① $\phi 40H7(^{+0.025}_{\ 0})/f6(^{-0.025}_{-0.041})$; ② $\phi 30M8(^{+0.004}_{-0.029})/h7(^{\ 0}_{-0.021})$; ③ $\phi 100H7(^{+0.035}_{\ 0})/u6(^{+0.146}_{+0.124})$。
3-13、3-14 略。
3-15 该配制轴的加工极限尺寸为: $\phi 40.020\sim\phi 39.956=\phi 40^{+0.020}_{-0.044}$ mm。
3-16 $\phi 50H8/e7$。
3-17 $\phi 95H7/b6$。

第 四 章

4-1、4-2、4-3、4-4、4-5、4-6、4-7、4-8、4-9 略。
4-10 图解如附图 1-4.1 所示。$f_{BE}=(0.01\ mm/1000\ mm)\times 3.4\times 250\ mm=8.5\ \mu m$。$f_{MZ}=(0.01\ mm/1000\ mm)\times 2.7\times 250\ mm=6.8\ \mu m$。
4-11 $f_{对角}=120\ \mu m$;$f_{MZ}=100\ \mu m$。

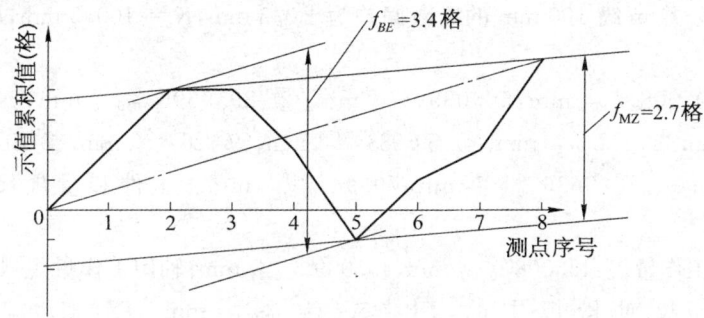

附图 1-4.1

4-12　$f_{对角}=120$ μm。按 b_1、a_3、c_2 三个低极点和 b_2 高极点（三角形准则），求解得 $f_{MZ}=100$ μm。

4-13　$f=2\sqrt{f_x^2+f_y^2}$；$f_1=\phi 0.28$ mm，$f_2=\phi 0.36$ mm，$f_3=\phi 0.41$ mm，$f_4=\phi 0.38$ mm。

第 五 章

5-1　(a)用去除材料的方法获得的表面的 Ra 的最大值为 0.2 μm；(b)用去除材料的方法获得的表面的 Ra 的上限值为 3.2 μm，下限值为 1.6 μm；(c)最后用磨削的方法获得的表面的 Ra 的上限值为 1.6 μm；(d)用去除材料的方法获得的表面，传输带 $\lambda_s=0.025$ mm，$\lambda_c=0.8$ mm，Ra 的上限值为 3.2 μm，纹理平行于视图所在的投影面。其余技术要求皆为默认的标准化值。

5-2、5-3　略。

5-4　$\phi 20$H7 孔；$\phi 40$H7/f5 中的孔。

5-5　圆柱度公差为 0.01 mm 的 $\phi 45$H7 孔。

第 六 章

6-1　略。

6-2　$\phi 60$D9/k6；$\phi 95$K7/d10。

6-3　略。

第 七 章

7-1　① $\phi 35$e9$=\phi 35_{-0.112}^{-0.050}$ mm，$A=0.0062$ mm，$K_s=\phi 34.9438$ mm，$K_i=\phi 34.8942$ mm，$u_1=0.0056$ mm，标尺分度值为 0.01 mm 的外径千分尺。② 略。③ $\phi 40$h7$=\phi 40_{-0.025}^{0}$ mm，$A=0.0025$ mm，$K_s=39.9975$ mm，$K_i=39.9775$ mm，$u_1=0.0023$ mm，标尺分度值为 0.002 mm 的比较仪。④ $\phi 50$H12$=\phi 50_{0}^{+0.25}$ mm，$K_s=50.25$ mm，$K_i=50$ mm，$u_1=0.023$ mm，标尺分度值为 0.02 mm 的游标卡尺。⑤ 一般公差 f 级 41 mm 的极限偏差为 ± 0.15 mm，$\phi 41$ mm 孔$=\phi 41_{0}^{+0.3}$ mm，其余略。

7-2　$\phi 150$H10$=\phi 150_{0}^{+0.16}$ mm，$K_s=\phi 150.16$ mm，$K_i=\phi 150.016$ mm，$u_1=0.015$ mm，其余略。

7-3　$\phi 30$h8$=\phi 30_{-0.033}^{0}$ mm，$K_s=29.9967$ mm，$K_i=29.967$ mm，II 档 $u_1=0.005$ mm，其余略。

7-4　一般公差 m 级 100 mm 的极限偏差为 ± 0.3 mm，$K_s=100.3$ mm，$K_i=99.7$ mm，其余略。

7-5　① $50.008_{-0.004}^{0}$ mm，$50.039_{-0.004}^{0}$ mm；② $29.9696_{-0.0024}^{0}$ mm，$29.986_{-0.0024}^{0}$ mm；③ $40.0905_{-0.005}^{0}$ mm，$40.142_{-0.005}^{0}$ mm；④ $59.988_{0}^{+0.006}$ mm，$59.926_{0}^{+0.006}$ mm；⑤ $50.055_{0}^{+0.0024}$ mm，$50.043_{0}^{+0.0024}$ mm；⑥ $79.9636_{0}^{+0.0036}$ mm，$79.94_{0}^{+0.0036}$ mm。工件和量规尺寸公差带示意图略。

7-6　孔用工作量规：$45.008_{-0.004}^{0}$ mm，$45.039_{-0.0024}^{0}$ mm；轴用工作量规：$45.023_{0}^{+0.0024}$ mm，$45.002_{0}^{+0.0024}$ mm；校对量规中的 TT：$45.0242_{-0.0012}^{0}$ mm，TS：$45.027_{-0.0012}^{0}$ mm，ZT：$45.0032_{-0.0012}^{0}$ mm。工件和量规尺寸公差带示意图略。

7-7 略。

7-8 按无基准查出 F_I，直线度量规的简图如附图 1-7.1 所示，几何公差略。

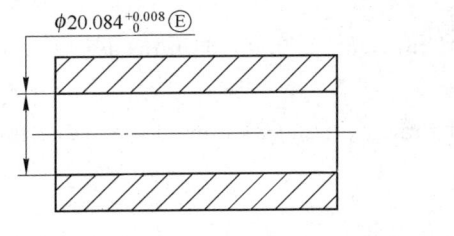

附图 1-7.1

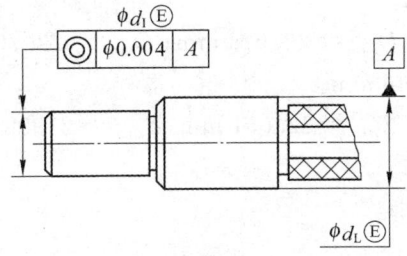

附图 1-7.2

7-9 同轴度量规的简图如附图 1-7.2 所示。① 依次检验方式的量规：检验部分的 F_I 按序号 2 查出，$d_I = \phi15.008_{-0.0025}^{0}$ Ⓔ mm，$d_L = \phi20_{-0.0025}^{0}$ Ⓔ mm，$t_I = 0.004$ mm。② 共同检验方式的量规：检验部分的 F_I 按序号 0 查出；定位部分视同无基准的检验部分，其 F_L 按序号 0 查出；$d_I = \phi15.005_{-0.0025}^{0}$ Ⓔ mm，$d_L = \phi20.005_{-0.0025}^{0}$ Ⓔ mm，$t_I = 0.004$ mm。

7-10 对称度量规的简图如附图 1-7.3 所示。依次检验方式的量规：检验部分的 F_I 按序号 2 查出，$d_I = 23.893_{-0.005}^{0}$ Ⓔ mm，$d_L = 30_{-0.005}^{0}$ Ⓔ mm，$t_I = 0.016$ mm。

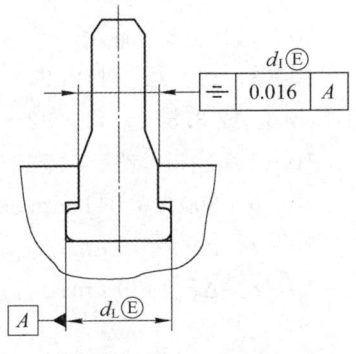

附图 1-7.3

共同检验方式的量规：检验部分的 F_I 按序号 0 查出；定位部分视同无基准的检验部分，其 F_L 按序号 0 查出；$d_I = 23.88_{-0.01}^{0}$ Ⓔ mm，$d_L = 30.01_{-0.005}^{0}$ Ⓔ mm，$t_I = 0.016$ mm。

第 八 章

8-1、8-2 略。

8-3 ① +0.196 mm，+0.086 mm；② +0.11 mm，0；③ -0.13 mm，-0.24 mm。

8-4 ① $\Delta\alpha = $ 两测点的示值差$/l = (0.015 - 0.02)/50$ rad $\approx -20.6''$；

② $\delta_{\lim(\alpha)} = \pm\sqrt{2\left(\frac{1}{l}\right)^2(\Delta h)^2 + \left(\frac{h}{l^2}\right)^2(\Delta l)^2}$

$= \pm\sqrt{2\left(\frac{1}{50}\right)^2(0.001)^2 + \left(\frac{0.005}{2500}\right)^2(1)^2}$ rad $\approx \pm 6''$。

圆锥角偏差的测量结果为 $\Delta\alpha = -20.6'' \pm 6''$。

8-5 $\alpha = 180° - 4\arctan(D_0 - d_0)/(M - m - D_0 + d_0)$。

第 九 章

9-1 略。

9-2　14.6194 mm ≥ d_{2s} ≥ 14.503 mm。

9-3　$d_{2\max}$ = 18.376 mm；$d_{2\min}$ = 18.164 mm；f_p = 0.0433 mm；f_α = 0.0329 mm；d_{2m} = 18.416 mm。

9-4　$D_{\max}$ = 22.925 mm；$D_{\min}$ = 22.701 mm；F_p = 0.03464 mm；F_α = 0.0197 mm；D_{2m} = 22.746 mm。

9-5　$d_{2\max}$ = 22.051 mm；$d_{2\min}$ = 21.891 mm；f_p = 0.087 mm；f_α = 0.032 mm；d_{2m} = 22.069 mm。

9-6　略。

第 十 章

10-1、10-2　略。

10-3　(1) ② φ112h8，0.016 mm；(2) ① φ112h11，0.016 mm；(3) h_c = 111.92/2 − 52.5cos3°，或 3.57 + (111.92 − 112)/2。其余略。

10-4、10-5　略。

10-6　300 ± 0.041 mm；0.04 mm；0.02 mm。

10-7　ΔF_p = 18 μm；Δf_{ptmax} = +5 μm。

10-8　ΔF_p = 30 μm；Δf_{ptmax} = +10.5 μm。

第 十 一 章

11-1、11-2　略。

11-3　$8 \times 42 \dfrac{H7}{f7} \times 46 \dfrac{H10}{a11} \times 8 \dfrac{H11}{d10}$，其余略。

11-4　内花键：$E_{\max}$ = 3.254 mm，$E_{\min}$ = 3.185 mm，其余略；外花键：$S_{\min}$ = 3.029 mm，S_{vmax} = 3.142 mm。

第 十 二 章

12-1　$A_{0\max}$ = 15.19 mm，$A_{0\min}$ = 12.38 mm。

12-2　$A_2 = A_4 = 17_{-0.018}^{0}$ mm，$A_3 = 7_{-0.015}^{0}$ mm，$A_1 = 41_{+0.050}^{+0.099}$ mm。

12-3　$C_1 = 25_{0}^{+0.2}$ mm，$C_2 = 20_{0}^{+0.5}$ mm，$C_3 = 16_{0}^{+0.5}$ mm，$C_6 = 30.5_{-0.2}^{0}$ mm。

12-4　$A = 39.741_{-0.142}^{0}$ mm。

12-5　$A = 43.15_{0}^{+0.1375}$ mm。

12-6　略。

第二部分的试题简要答案

试 卷 1

一、1. 效果相同。 2. 20;3。 3. 略。 4. IT01、IT0、IT1、…、IT18;2、4、5、6、0;0、1、2、…、12。 5. −0.022,80.022。 6. 轴,轴,孔。 7. 孔,减少定值刀具和光滑极限塞规的规格和种数,经济性较好。 8. 轴颈,紧,之下,有过盈的。 9. 径向进刀,齿轮径向跳动;保证轮齿载荷分布均性。 10. 中心距极限偏差,被测轴线对基准轴线在轴线平面上、垂直平面上的平行度。 11. 4、5、…、12。 12. 最大实体,实际轮廓(或实际尺寸与形状误差的综合结果)。

二、1. ③。 2. ①。 3. ③。 4. ②。 5. ④。 6. ②。 7. ③。 8. ③。 9. ③。 10. ③。 11. ④。 12. ④。 13. ④。 14. ①。 15. ③。

三、1. 略。 2. 略。

四、1. 略。 2. $\phi 100 d10$。 3. 略。 4. 单峰性,对称性,有界性,抵偿性。 5. $\lambda_c = lr$,抑制波纹度。

五、1. 略。 2. 相同。 3. $\Delta F_p = 54\ \mu m, \Delta f_{pt\ max} = -25\ \mu m$。 4. $f_{BE} = 12.4\ \mu m; f_{MZ} = 11.4\ \mu m$。 5. ① 封闭环为 $140^{+0.1}_{0}$ mm,可给定心轴上的尺寸($L+140$)的极限偏差为 ±0.005 mm(公差为 0.01 mm),则加工尺寸为 $L^{-0.005}_{-0.095}$ mm(即加工尺寸公差为 0.09 mm,仅比设计尺寸 $140^{+0.1}_{0}$ mm 的公差小 0.01 mm)。 ② 略。 6. $t = 0.02$ mm。

试 卷 2

一、1. +0.006;−0.005。 2. K、0、1、2、3;1、2、3、4、5。 3. 孔,轴。 4. 作用中径,单一中径。 5. 基孔,小径;基孔,齿侧。 6. 抑制或减弱波纹度对粗糙度测量结果的影响;Rz。 7. 0、1、2、3、…、10、11、12;5。 8. 体外作用,最大实体尺寸;实际,最小实体尺寸。 9. 反向,同向。 10. 十进等比;十。 11. 储存润滑油,补偿热变形。 12. 29.9548,29.9132。 13. 基面距变动,锥面接触不良。

二、1. ②。 2. ②。 3. ④。 4. ①。 5. ②。 6. ②。 7. ②。 8. ④。 9. ④。 10. ③。 11. ③。 12. ①。 13. ④。 14. ②。 15. ②。

三、1. 略。 2. 略。

四、1. 略。 2. 略。 3. 花键位置度公差及最大实体要求;花键对称度公差及独立原则。 4. $F_p、\pm f_{pt}、F_\alpha、F_\beta$;公法线长度偏差或分度圆弦齿厚偏差。 5. 冷拉钢材;活塞销与连杆小头孔、活塞上的两个销孔的配合;与滚动轴承外圈配合的外壳孔;或普通平键联结。

五、1. 略。 2. 略。 3. 略。 4. $f_{MZ} = 6\ \mu m$。 5. $\Delta F_p = 45\ \mu m, \Delta f_{pt\ max} = +14\ \mu m$。 6. $\phi 45^{-0.049}_{-0.066}$ mm。

试卷 3

一、1. 完全;不完全。 2. 被测对象;计量单位;测量方法;测量精度。 3. 正态分布;单峰性;对称性;有界性;抵偿性。 4. 间隙。 5. -0.011。 6. 孔;轴。 7. 0.039;0.025;0.064;$+0.037$;-0.027。 8. 几何要素。 9. 两同心圆;圆柱。 10. 取样长度;波纹度。 11. U、L;max。 12. 中径偏差;螺距误差;牙侧角偏差。

二、1. ③。 2. ④。 3. ②。 4. ③。 5. ④。 6. ②。 7. ①。 8. ②。 9. ②。 10. ①。 11. ④。 12. ③。 13. ④。 14. ①。 15. ②。

三、1. 略。 2. 略。

四、1. 公差带形状相同;圆度无基准,公差带浮动;径向圆跳动有基准,公差带位置固定。 2. 略。 3. 略。 4. 位于零线下方,上极限偏差为零。 5. 短齿;$2 \sim 3$ 个螺距。 6. 略。 7. 含义略;评定齿轮传递运动的准确性。

五、1. 基孔制;$\phi 40 \text{H}7 \left(^{+0.025}_{0}\right) / \text{f}6 \left(^{-0.025}_{-0.041}\right)$。 2. $\phi 60 \text{N}7 \left(^{-0.009}_{-0.039}\right)$。 3. $D_{fe} \geqslant D_{min}$ 且 $D_a \leqslant D_{max}$;不合格。 4. 后者的测量精度较高。 5. 通规:$15.0152^{+0.0016}_{0}$ mm;止规:$15.007^{+0.0016}_{0}$ mm。 6. 计算略;不合格。 7. $\Delta F_p = 46$ μm;$\Delta f_{pt\,max} = +16$ μm。

试卷 4

一、1. 中径偏差,螺距误差,牙侧角偏差。 2. 间隙;过盈。 3. 两条素线间;结构型,位移型。 4. 基孔;基轴。 5. 最大实体;最大实体实效。 6. 宽度;基轴。 7. 不确定度;长度变动量。 8. 几何;传递运动准确性。 9. 基准轴线;最大示值,最小示值。 10. 9。 11. 精密,中等,粗糙;长旋合长度组,中径公差带代号。 12. K、0、1、2、3。 13. 29.99;相对(或比较)。

二、1. ④。 2. ②。 3. ①。 4. ④。 5. ③。 6. ④。 7. ②。 8. ①。 9. ④。 10. ①。 11. ③。 12. ④。 13. ②。 14. ③。 15. ①。

三、1. 略。 2. 略。

四、1. $D_{fe} = \phi 24.99$ mm $< BS_h$;其余略。 2. F_β;公法线长度偏差(或分度圆弦齿厚偏差)。 3. 略。 4. 略。 5. Ⓛ;0Ⓛ;ⓁⓇ。 6. 小径定心;前者比后者稍紧。

五、1. 过盈配合;$Y_{max} = -0.049$ mm,$Y_{min} = -0.015$ mm,$T_f = 0.034$ mm。
2. ① $\phi 40 \text{S}7 \left(^{-0.034}_{-0.059}\right) / \text{h}6 \left(^{0}_{-0.016}\right)$;② $\phi 40 \text{JS}7 (\pm 0.012) / \text{h}6 \left(^{0}_{-0.016}\right)$。
3. ① $A = 0.1T = 0.0035$ mm,$K_s = 89.9605$ mm,$K_i = 89.9325$ mm;② $u_1 = 0.9A = 0.0032$ mm。 4. $5^{-0.01}_{-0.08}$ mm。 5. $f_{BE} = 0.025$ mm;$f_{MZ} = 0.020$ mm。 6. $\Delta F_p = 45$ μm,$\Delta f_{pt\,max} = +20$ μm。

试卷 5

一、1. 完全互换性;不完全互换性。 2. 量块中心长度;制造。 3. 标准公差;基本偏差。 4. 100;50。 5. 尺寸,形状。 6. ⓂⓇ;最大实体实效,可以相互补偿。 7. 轮廓的算术平均偏差,轮廓的最大高度;三个完整图形符号的图形略。 8. 尺寸,旋转;2、4、5、6、0;基轴,基孔,过盈。 9. 基面距,接触不良。 10. 几何,传递运动准确性;0、1、2、…、12;13。

二、1. ①。 2. ③。 3. ③。 4. ④。 5. ②。 6. ④。 7. ③。 8. ④。 9. ①。 10. ④。 11. ②。 12. ③。 13. ②。 14. ③。 15. ③。

三、1. 略。 2. 略。

四、1. 略。 2. 配合制、标准公差等级和基本偏差代号的选择。 3. 略。 4. F_p、F_α、F_β。 5. 不受齿顶圆柱面的直径尺寸偏差和它对齿轮基准轴线的径向圆跳动的影响。 6. 中心距极限偏差($a \pm f_a$);被测轴线对基准轴线在轴线平面上和垂直平面上的平行度公差($f_{\Sigma\delta}$、$f_{\Sigma\beta}$)。

五、1. 略。 2. 合格条件:$D_{fe} \geqslant D_{MV}$ 且 $D_{max} \geqslant D_a \geqslant D_{min}$,$f_{圆度} \leqslant t_{圆度}$;$D_{fe} = 31.98$ mm,$f_{圆度} = 0.0125$ mm。 3. 合格条件:$d_{2m} \leqslant d_{2max}$ 且 $d_{2s} \geqslant d_{2min}$;$d_{2m} = 21.93$ mm。 4. $34.968_{-0.156}^{\ \ 0}$ mm。 5. 50.002 ± 0.003 mm。 6. 通规:$49.996_{\ \ 0}^{+0.0024}$ mm,止规:$49.984_{\ \ 0}^{+0.0024}$ mm。

试 卷 6

一、1. 零件按规定的公差制造,标准化。 2. R5,5。 3. 轮廓的最大高度。 4. 轮廓的最小二乘中线(或算术平均中线),5。 5. 中径尺寸偏差,螺距误差,牙侧角偏差;作用中径,单一中径;完整的,旋合长度。 6. 正常,紧密,松。 7. 轴颈,较紧;下方,过盈配合。 8. -0.017;100.017。 9. 独立原则;实际尺寸,形状误差。 10. 0、1、2、…、12;13。 11. 储存润滑油,补偿热变形。

二、1. ③。 2. ①。 3. ①。 4. ④。 5. ②。 6. ③。 7. ④。 8. ①。 9. ④。 10. ③。 11. ②。 12. ④。 13. ④。 14. ③。 15. ②。

三、1. 略。 2. 略。

四、1. 相对测量法,其余略。 2. A(a)~ZC(zc)各28种。 3. 小径表面,其余略。 4. 基准孔和齿顶圆柱面的直径尺寸公差,基准端面对基准孔轴线的轴向圆跳动公差。 5. F_p,F_α;其余略。 6. 中心距极限偏差;被测轴线对基准轴线在轴线平面上和在垂直平面上的平行度公差。

五、28.257 mm $\pm$ 0.002 mm,其余 $\pm$ 0.006 mm。 2. 通规:$49.9695_{\ \ 0}^{+0.003}$ mm;止规:$49.95_{\ \ 0}^{+0.003}$ mm。 3. $\phi 50_{-0.066}^{-0.049}$ mm。 4. 略。 5. $f_{BE} = 0.012$ mm,$f_{MZ} = 0.011$ mm。 6. $\phi 500.12_{-0.228}^{-0.063}$ mm。

试 卷 7

一、1. 绝对准确、公差。 2. 取样长度。 3. 轮廓的算术平均偏差,轮廓的最大高度;轮廓单元的平均宽度。 4. 绝对,相对。 5. 工作尺寸,制造。 6. 分度值。 7. 圆锥角。 8. 实际,极限;极限,实际。 9. 实际尺寸,几何误差。 10. 基轴制,IT01、IT0、IT1、IT2、…、IT18。 11. 宽度。 12. 小径;后者比前者稍紧(前者比后者稍松)。 13. 2、4、5、6、0;2;0。 4、5、6、7;两者相同。 14. k、m、n;H、JS、J。 15. 0、1、2、…、12;4、5、6、…、12。

二、1. ④。 2. ④。 3. ①。 4. ③。 5. ④。 6. ①。 7. ④。 8. ③。 9. ②。 10. ③。 11. ③。 12. ④。 13. ③。 14. ④。 15. ③。

三、1. 略。 2. 略。 3. 略。

四、1. 略。 2. 标注方法：tⓂⓂ，tⓂⓇ；最大实体要求只允许尺寸公差补偿几何公差，可逆要求允许尺寸公差与几何公差相互补偿。 3. 略。 4. 0、1、2、…、12。 5. 在齿轮端平面内，在接近齿高中部的一个与齿轮基准轴线同心的圆上，实际齿距与理论齿距的代数差；任意两同侧齿面间的实际弧长与理论弧长的代数差中的最大绝对值。 6. 中心距极限偏差；被测轴线对基准轴线在轴线平面上和在垂直平面上的平行度公差。

五、1. 略。 2. 通规：$30.0176^{+0.002}_{0}$ mm；止规：$30.008^{+0.002}_{0}$ mm。 3. 轴体外作用尺寸不大于轴的上极限尺寸，并且轴实际尺寸不小于轴的下极限尺寸，则合格；$d_{fe}=\phi 30.019$ mm。 4. 36 μm。 5. 作用中径不大于中径的上极限尺寸，并且单一中径不小于中径的下极限尺寸，则合格。 6. 略。 7. $\Delta F_p=30$ μm；$\Delta f_{pt\,max}=+20$ μm。 8. 0.0025～0.0955 mm。

试 卷 8

一、1. 分组装配法，调整法。 2. 两平行直线，两平行平面，圆柱面。 3. 圆。 4. +0.007，0.025。 5. 基孔，减少定值尺寸刀具和塞规的数量，经济性较好。 6. R5；2。 7. 宽度，轴。 8. 100.035；49.984 9. 限制和减弱；波纹度。 10. 实际尺寸的大小；几何误差值。 11. 59.967；59.943。 12. 圆锥直径极限偏差，圆锥角极限偏差。 13. −0.020；−0.041。 14. 传递运动准确性，齿轮径向跳动；4、5、6、…、12；9。

二、1. ②。 2. ④。 3. ③。 4. ③。 5. ②。 6. ④。 7. ④。 8. ②。 9. ②。 10. ④。 11. ③。 12. ③。 13. ①。 14. ③。 15. ④。

三、1. 略。 2. 略。 3. 略。

四、1. 间隙配合、过盈配合和过渡配合，其余略。 2. K，0、1、2、3级；1、2、3、4、5等。 3. 固定的内圈负荷，旋转的外圈负荷。 4. 齿顶圆柱面的直径尺寸公差，两个轴颈的直径尺寸公差和形状公差，两个轴颈分别对它们的公共轴线（基准轴线）的径向圆跳动公差。 5. 0、1、2、…、12；13。 6. 略。

五、1. $T_s=19$ μm，$T_f=44$ μm；孔：$\phi 50^{-0.035}_{-0.060}$ mm，轴：$\phi 50^{0}_{-0.019}$ mm，公差带示意图略。 2. $d_e=24.982$ mm ± 0.00122 mm($\pm\sqrt{3/2}$ μm)。 3. $D_{MV}=49.92$ mm，$D_{fe}=50.06$ mm；$D_{fe} \geqslant D_{MV}$ 且 $D_{max} \geqslant D_a \geqslant D_{min}$ 则合格。 4. $f_{BE}=15.5$ μm；$f_{MZ}=13.4$ μm。 5. $A_2=56.25^{-0.050}_{-0.185}$ mm。 6. $d_{2max}=18.376$ mm，$d_{2min}=18.206$ mm；$d_{2m}=18.356$ mm；$d_{2m} \leqslant d_{2max}$ 且 $d_{2s} \geqslant d_{2min}$ 则合格。 7. 通规：$\phi 24.9534^{0}_{-0.002}$ mm；止规：$\phi 24.963^{0}_{-0.002}$ mm。

试 卷 9

一、1. 1.6；1.25。 2. 0.004。 3. ±0.025。 4. 间隙。 5. L。 6. 可逆要求用于最大实体要求。 7. 不大于；位置度。 8. 圆柱面；0.005。 9. $\sqrt{}^{Ra\,6.3}$；轮廓的最大

高度。 10. 一个取样长度;Rsm。 11. 2、4、5、6、0;0。 12. 下。 13. 0.039;49.9711。 14. 基本锥度。 15. 单一中径。 16. 6h。 17. 螺旋线迹线;热变形。 18. 传递运动的准确性;ΔF_p(或 F_p)。 19. 小径;齿侧。 20. $6\times23f7\times26a11\times6d10$。

二、1. ①。 2. ④。 3. ③。 4. ③。 5. ④。 6. ②。 7. ①。 8. ③。 9. ①。 10. ②。 11. ③。 12. ②。 13. ④。 14. ④。 15. ②。

三、1. 可参考第九版《几何量公差与检测》基本教材图 5-27 所示的输出轴零件图。
2. 略。

四、1. 大径公差带;长旋合长度。 2. 16%规则。 3. 减少定值尺寸刀具和塞规的品种和数量,提高技术经济效益;滚动轴承外圈与外壳孔的配合,普通平键与键槽宽度的配合。 4. F_p、$\pm f_{pt}$、F_α、F_β;其余略。 5. $\pm f_a$;$f_{\Sigma\delta}$,$f_{\Sigma\beta}$。

五、1. ± 0.05 mm。 2. 35.124 mm $\pm$ 0.036 mm;35.136 mm $\pm$ 0.012 mm。 3. ① $\phi 45 M8 \left(^{+0.005}_{-0.034} \right)$;② 略。 4. 通规:$\phi 40.033^{\ 0}_{-0.004}$ mm;止规:$\phi 40.064^{\ 0}_{-0.004}$ mm。 5. $A=0.1IT8$;$K_s=40.064-A$,$K_i=40.025+A$;$u_1=0.9A$。 6. 略。 7. 尺寸链图见附图 2-9.1;$A_0=300^{+0.14}_{-0.17}$ mm。

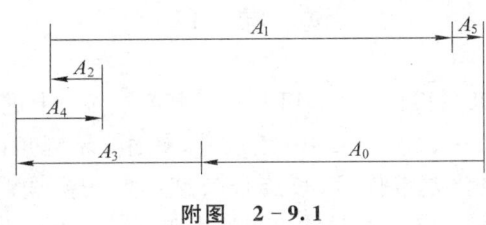

附图 2-9.1

试 卷 10

一、1. 挑选,修配。 2. 最大实体要求;小径;齿侧。 3. 长度,长度变动量;不确定度,长度变动量。 4. +0.006,0.021。 5. 最小条件,最小包容区域。 6. 对称性,单峰性,有界性,抵偿性。 7. Ra;Ra。 8. 体外作用,实际。 9. +2。 10. 素线直线度,圆度。 11. 几何;运动。 12. 截短;2~3 个螺距。 13. 各组成环,封闭环。

二、1. ④。 2. ③。 3. ①。 4. ③。 5. ③。 6. ③。 7. ②。 8. ②。 9. ④。 10. ③。 11. ④。 12. ③。 13. ②。 14. ④。 15. ②。

三、1. 略。 2. 略。

四、1. 略。 2. 两者形状相同而数值不一定相同。 3. $\boxed{\alpha}$,公称圆锥直径及其极限偏差,L。 4. 2、4、5、6、0 级。 5. 固定的内圈负荷;旋转的外圈负荷 6. 略。 7. 把轮齿切薄或(和)调整齿轮副的中心距。

五、1. 略。 2. $f_{BE}=0.028$ mm;$f_{MZ}=0.022$ mm。 3. 29.936~29.95 mm。 4. 通规:$40.008^{\ 0}_{-0.004}$ mm;止规:$40.039^{\ 0}_{-0.004}$ mm。 5. $\Delta F_p=65 \mu m$;$\Delta f_{pt\ max}=-20 \mu m$。

试 卷 11

一、1. 标准化。 2. 分组装配,调整。 3. 工作尺寸,制造。 4. 随机,系统。

5. 略。 6. 抑制或减弱波纹度、排除形状误差对表面粗糙度轮廓测量的影响。触针式轮廓仪，光切显微镜。 7. 外壳孔公差带。 8. 轴，孔，轴。 9. 84.9605mm，84.9325mm。 10. 面，两点。 11. $ln=5×lr$。 12. 有过盈的，松。 13. 小径；包容要求；前者稍紧。

二、1. ④。 2. ②。 3. ②。 4. ②。 5. ②。 6. ①。 7. ③。 8. ③。 9. ①。 10. ①。 11. ②。 12. ②。 13. ④。 14. ②。 15. ④。

三、1. 略。 2. 略。

四、1. 公差带形状相同；圆柱度无基准，公差带浮动；径向全跳动有基准，公差带位置固定。 2. 略。 3. 偏紧；滚动轴承内圈公差带位于以公称内径为零线的下方，基本偏差为上极限偏差，等于零。 4. 略。 5. 6H 表示内螺纹中径、顶径公差带；5g，6g 表示外螺纹中径、顶径公差带。 6. $F_p, \pm f_{pt}, F_\alpha, F_\beta$。

五、1. 略。 2. ① 18.732 ± 0.006 mm；② 18.734 ± 0.003 mm。 3. 通规：$30.0176_{0}^{+0.002}$ mm；止规：$30.008_{0}^{+0.002}$ mm。 4. $f_{对角}=22.5\ \mu m, f_{MZ}=20\ \mu m$。 5. $\Delta F_p=40\ \mu m, \Delta f_{pt\,max}=-11\ \mu m$。 6. $A=90.3_{+0.0435}^{+0.1825}$ mm。

试 卷 12

一、1. $+0.019, 39.981$；IT01、IT0、IT1、…、IT18。 2. 十进等比；标准化。 3. 两个同心圆，圆度。 4. 0、1、2、…、12。 5. 中径尺寸；螺距；牙侧角。 6. 螺纹公称直径；外螺纹中径公差带代号；大径公差带代号；长旋合长度。 7. 挑选；修配。 8. 孔；减少拉刀的规格和数量，经济性较好。 9. 标准公差；基本偏差。 10. 零，负。 11. 尺寸，形状。 12. 轮齿载荷分布均匀性，齿侧间隙。 13. 无关。 14. 上限；简化标注。

二、1. ③。 2. ③。 3. ④。 4. ④。 5. ②。 6. ①。 7. ②。 8. ①。 9. ①。 10. ③。 11. ③。 12. ②。 13. ②。 14. ④。 15. ②。

三、1. 略。 2. 略。

四、1. 储存润滑油；补偿齿轮工作时的热变形。 2. 基准孔尺寸公差；齿顶圆柱面尺寸公差；基准端面对基准孔轴线的轴向圆跳动公差。 3. 面轮廓度法、基本锥度法和公差锥度法；标注示例略。 4. 实际尺寸与几何误差的综合结果应控制在最大实体边界范围内；0Ⓜ。 5. 基孔制，为了减少定值尺寸刀具和塞规的规格和数量，提高技术经济效益。 6. 轴颈尺寸公差带；外壳孔尺寸公差带。 7. 旋转的内圈负荷；固定的外圈负荷。

五、1. 孔 $\phi 40_{0}^{+0.019}$ mm，轴 $\phi 40_{-0.002}^{+0.012}$ mm；其余略。 2. 合格条件：$d_{fe} \leq d_{MV}$ 且 $d_{max} \geq d_a \geq d_{min}$；$d_{fe}=29.97$ mm。 3. 通规：$30.0116_{0}^{+0.002}$ mm；止规：$30.002_{0}^{+0.002}$ mm。 4. 20.022 ± 0.036 mm；20.015 mm ± 0.009 mm。 5. $\phi 30 E7(_{+0.040}^{+0.061})/h6(_{-0.013}^{0})$；$\phi 30_{+0.068}^{+0.081}$ mm。 6. $\Delta f_{pt\,max}=-17\ \mu m$；$\Delta F_p=60\ \mu m$。

主要参考文献

［1］ 甘永立.几何量公差与检测.10版.上海:上海科学技术出版社,2013.
［2］ 甘永立.几何量公差与检测习题试题集.6版.上海:上海科学技术出版社,2013.
［3］ 李纯甫.尺寸链分析与计算.北京:中国标准出版社,1990.
［4］ 哈尔滨工业大学,上海工业大学.机械制造工艺规程制订及装配尺寸链.上海:上海科学技术出版社,1984.
［5］ 严龙祥.尺寸链计算与应用.南京:江苏科学技术出版社,1984.

图书在版编目(CIP)数据

几何量公差与检测习题试题集/甘永立主编.—7版.
—上海:上海科学技术出版社,2015.1 (2019.6重印)
ISBN 978-7-5478-2409-2

Ⅰ.①几… Ⅱ.①甘… Ⅲ.①机械元件-尺寸公差-高等学校-习题集-②机械元件-测量-高等学校-习题集 Ⅳ.①TG801-44

中国版本图书馆 CIP 数据核字(2014)第 236279 号

几何量公差与检测习题试题集(第七版)
甘永立 主编

上海世纪出版股份有限公司
上海科学技术出版社 出版
(上海钦州南路71号 邮政编码200235)
上海世纪出版股份有限公司发行中心发行
200001 上海福建中路193号 www.ewen.co
常熟市兴达印刷有限公司印刷
开本 787×1092 1/16 印张 6.5
字数:150 千字
印数:155 561 – 156 580
1987 年 5 月第 1 版　1991 年 4 月第 2 版
1995 年 4 月第 3 版　2000 年 4 月第 4 版
2005 年 1 月第 5 版　2011 年 3 月第 6 版
2015 年 1 月第 7 版　2019 年 6 月第 28 次印刷
ISBN 978-7-5478-2409-2/TG·74
定价:13.00 元

本书如有缺页、错装或坏损等严重质量问题,
请向工厂联系调换